Anton Ochsenkühn, Simone Ochsenkühn

# iPhoto '11

D1729984

amac
BUCH VERLAG

# iPhoto '11

ISBN 978-3-940285-46-1

| | |
|---|---|
| Konzeption/Koordination: | amac-buch Verlag oHG |
| Layout und Cover: | Simone Ochsenkühn, Obergriesbach |
| Lektorat und Korrektorat: | Kreativstudio Gaugigl, kreativstudio@gaugigl.de |
| Druck und Bindung: | Eitzenberger – Media Druck Logistik, Augsburg |

Trotz sorgfältigen Lektorats schleichen sich manchmal Fehler ein. Autoren und Verlag sind Ihnen dankbar für Anregungen und Hinweise!

amac-buch Verlag oHG
Erlenweg 6
D-86573 Obergriesbach

www.amac-buch.de
info@amac-buch.de

Tel.  +49 (0) 82 51/82 71 37
Fax +49 (0) 82 51/82 71 38

# Inhaltsverzeichnis

## Fotos bereitstellen und verteilen    101

## Sychronisation    143

## Index    149

# Vorwort

Unspektakulär ist es, unser erstes digitales Foto in unserer iPhoto-Bibliothek. Es zeigt unseren Tisch und auf ihm eine rote Gießkanne. Das war vor genau elf Jahren. Ab diesem Zeitpunkt begann unser digitales Leben via Fotos. Damals fingen wir an, digital zu fotografieren. Aber das war nicht die Revolution, denn Kamera bleibt im Großen und Ganzen Kamera. Die eigentliche Änderung vollzog sich mit iPhoto, dem Programm, das unsere persönlichen Momente seit elf Jahren sammelt, verwaltet, verbessert, verteilt und präsentiert. Über 22 000 bunte Bilder von schönen Urlauben, lieben Menschen oder faszinierenden Landschaften können täglich abgerufen werden und den Augenblick zurückholen, der uns dazu bewegte, die Aufnahme zu machen.

Ich kenne Menschen, die nach all dieser Zeit immer noch mit Ordnern mühsam versuchen, der Flut ihrer Bilder Herr zu werden. Leider verlieren viele ihre schönen Momente so aus den Augen.

Genau da setzt iPhoto an. Es macht Spaß, die eigentlich trockene Arbeit, nämlich die der Bildverwaltung, mit iPhoto zu erledigen. iPhoto '11 ist die jüngste Generation dieser genialen Software. Mit dem neuen Vollbildmodus wird das Bearbeiten Ihrer Lieblingsfotos noch kurzweiliger, mit den E-Mail-Vorlagen bekommt die elektronische Post ein tolles Aussehen und wer seine Fotos unbedingt in gedruckter Form sehen will, lässt sich kurzerhand ein selbst gestaltetes Fotobuch schicken. Aber auch die Facebook- und Flickr-Anhänger kommen diesmal voll auf ihre Kosten. Das Hochladen der Bilder in die entsprechenden Plattformen geht einfacher und schneller denn je.

All das und noch viel mehr stellen wir in diesem Buch vor. Lassen Sie sich faszinieren vom neuen iPhoto '11.

*Anton Ochsenkühn*          *Simone Ochsenkühn*          Die Autoren, im März 2011

# Installation

# iPhoto im Überblick

Das Programm iPhoto ist dazu gedacht, digitale Bild- und Videoinformationen von Digitalkameras zu importieren, zu verwalten und zu organisieren. Ist dies geschehen, ist es ein Vergnügen, die bunte Bilderwelt zu präsentieren. Sie können Diashows komponieren und am Computer vorführen oder eine Printausgabe Ihres letzten Urlaubs in Form eines Buches erstellen. Sie können Weihnachtskarten drucken lassen oder einen Kalender als Geschenk produzieren. Natürlich lassen sich die Bilder von iPhoto aus auch ganz unkompliziert ausdrucken. Wenn Sie noch immer Abzüge Ihrer Bilder möchten, erspart Ihnen iPhoto den Gang zum Entwickler. Das geschieht gleich am Computer. Was können Sie im Einzelnen in iPhoto tun:

- Fotos und Videos importieren
- Ereignisse erstellen, teilen, zusammenfügen
- Intelligente Ereignisse (z.B. alle Bilder mit der Endung ".jpg"
- Fotos beschriften, taggen, Informationen ansehen und verändern, bestimmte Bilder ausblenden, löschen
- Alben erstellen
- Bilder extra markieren
- Gesichter festlegen
- Bilder exportieren auf externe Datenträger
- Diashows kreieren
- Ort der Aufnahme bestimmen
- Bildbearbeitung der notwendigsten Schritte, z. B. rote Augen entfernen, zuschneiden, drehen, Helligkeit regulieren usw.
- E-Mails mit schönem Design versenden
- Bilder bereitstellen auf einer Internetseite, auf Facebook oder Flickr etc.
- Ein Buch, einen Kalender oder Karten erstellen
- Ausdrucken
- Abzüge bestellen

Bevor es jedoch mit all diesen Punkten losgeht, müssen Sie iPhoto 'ɪɪ installieren, sofern es noch nicht auf Ihrem Computer vorinstalliert ist oder Sie eine Vorgängerversion von iPhoto besitzen, die Sie upgraden müssen.

# Installieren und bestehende Datenbankstruktur updaten

## iPhoto neu installieren

Legen Sie die iLife '11-DVD in Ihr Laufwerk ein. Zunächst öffnet sich ein Fenster, in dem Sie das Icon „Install iLife" auf der rechten Seite vorfinden. Klicken Sie doppelt auf das Icon, so startet der Installationsprozess.

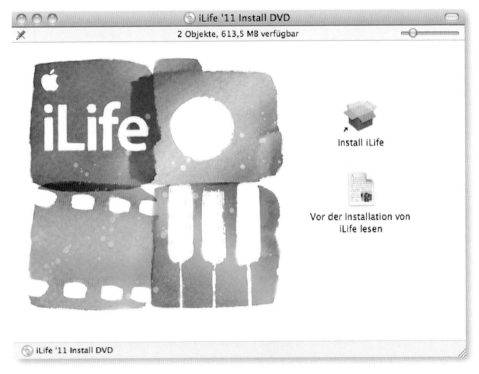

*Startfenster beim Einlegen der Programm-DVD.*

Nach dem Doppelklick auf das Installations-Icon führt Sie die Installationsroutine durch mehrere Dialoge. Der erste klärt Sie über die Programme auf der DVD auf, heißt Sie willkommen und führt Sie zum nächsten Dialog. Bitte lesen Sie alles aufmerksam durch.

*Der Willkommen-Dialog gibt einen Überblick über die Programme auf der DVD.*

Danach sollten Sie die Bestimmungen und die Lizenzhinweise genau studieren. Das nächste Bildschirmfoto zeigt *Zielvolume auswählen*. Das heißt, Sie legen den Ort für ihr iLife-Paket fest. Das ist in aller Regel die Festplatte. Sie können aber auch ein externes Volume, sofern eines angeschlossen zur Verfügung steht, mit den Programmen bespielen. Bedenken Sie aber, dass Sie das Programm in diesem Fall nicht benutzen können, wenn Sie das Volume nicht zur Verfügung haben.

*Wählen Sie ein Volume aus, um das Programm dort zu installieren. In unserem Fall ist das die interne Festplatte namens „luftikuss".*

Sie entscheiden anschließend, ob eine Standardinstallation durchgeführt wird oder eine angepasste. In der angepassten Installation bestimmen Sie, welche Programme des kompletten iLife-Paketes installiert werden sollen. Klicken Sie dazu im Dialog *Installationstyp* auf den Button *Anpassen*.

*Der Dialog für die Standardinstallation, also aller Programme auf der DVD oder ...*

*... die angepasste Installation, bei der Sie z. B. nur iPhoto installieren können.*

Nach der Administratorabfrage und dem dazugehörigen Kennwort wird die Installation durchgeführt. Nach erfolgreicher Installation werden Sie noch die Zusammenfassung zu lesen bekommen und dann kann es schon losgehen.

## iPhoto neu einrichten

Wenn Sie iPhoto zum ersten Mal öffnen, springen einige Dialoge auf, die zuerst beantwortet werden müssen.

*Viele Dialoge werden gleichzeitig gestartet, die Sie der Reihe nach beantworten sollen.*

● **Sollten Sie bereits eine ältere Version von iPhoto besitzen, so können Sie folgenden Abschnitt überspringen. Lesen Sie weiter im Abschnitt iPhoto updaten.**

Und noch eine Grundeinstellung ist zu erledigen, bevor es mit der Arbeit mit iPhoto losgehen kann: iPhoto möchte nämlich wissen, ob es automatisch starten soll, sobald Sie eine digitale Fotokamera an Ihren Mac anschließen.

*Soll iPhoto mit Ihrer Digitalkamera zusammenarbeiten?*

Wenn Sie an der Stelle mit *Ja* bestätigen, haben Sie zugestimmt. Wenn Sie sich erst später entscheiden wollen oder *Nein* sagen, wird beim ersten Anschließen der Kamera entweder ein anderes Programm starten oder erneut die Frage erscheinen. Es gibt nämlich neben dem Programm *iPhoto* ein zweites Programm auf Ihrem Mac-Rechner, das in der Lage ist, mit digitalen Bildern zu arbeiten. Dieses Programm heißt *Digitale Bilder* und ist abgelegt im *Programme*-Ordner Ihres Rechners.

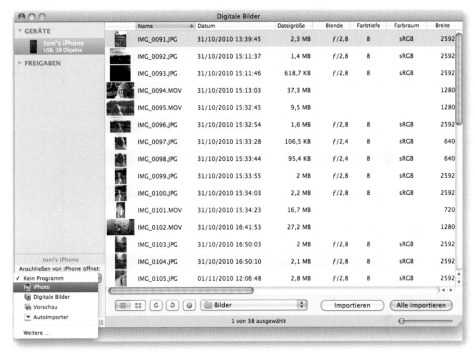

*Das Programm „Digitale Bilder" im Einsatz.*

Das Programm *Digitale Bilder* ist ebenso wie *iPhoto* in der Lage, mit Ihrer Digitalkamera über das USB-Kabel zu kommunizieren. Wie Sie anhand des Bildschirmfotos sehen, ist auch das iPhone mit seiner integrierten Kamera ein potenzieller Partner für die Zusammenarbeit mit dem Programm *Digitale Bilder*. Das Programm *Digitale Bilder* verfügt über keine Verwaltungsfunktionen für Ihre Bilder, sondern ist nur ein Werkzeug, um Bilder von einer Kamera auf den Rechner zu übertragen. Es hat also einen weit geringeren Funktionsumfang als *iPhoto*, deshalb ist *iPhoto* dem Programm *Digitale Bilder* vorzuziehen.

**Was aber ist zu tun, wenn immer, wenn Sie eine digitale Kamera anschließen, eben nicht iPhoto, sondern das Programm Digitale Bilder startet? Ganz einfach: Sie können sowohl im Programm iPhoto als auch in Digitale**

**Bilder** in den Einstellungen festlegen, mit welchem Programm gearbeitet werden soll, sobald eine Kamera über den USB-Anschluss mit dem Rechner verbunden wird.

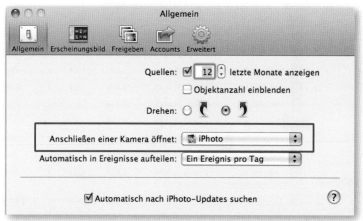

*In den Programmeinstellungen kann die präferierte Applikation konfiguriert werden.*

Verwenden Sie entweder den Menüpunkt *iPhoto –> Einstellungen* oder in *Digitale Bilder* die Einstellungen im linken unteren Eck des Fensters, um von *Digitale Bilder* auf *iPhoto* umzustellen. Es genügt dabei, wenn Sie diese Konfiguration in einem der beiden Programme vornehmen.

● Sie gelangen in fast allen Applikationen von iLife '11 und in vielen Mac-Programmen mit der Tastenkombination  cmd + Komma in die Einstellungen und haben so sehr schnell Zugriff auf die wichtigsten Grundeinstellungen der Programme.

*iPhoto fragt an, ob die Orte der Fotos verwendet werden sollen.*

Eine coole Funktion in iPhoto '11, die wir im Rahmen dieses Buches ausführlich besprechen werden, ist die Eigenschaft, Bilder ihren geografischen Positionsdaten zuzuordnen. Diese geografischen Daten werden den Bildern über GPS-Koordinaten zugewiesen. Weitere Informationen über dieses Thema erhalten Sie weiter hinten.

**Haben Sie an dieser Stelle die Funktion deaktiviert, können Sie sie nachträglich jederzeit über die iPhoto-Einstellungen wieder einschalten und danach verwenden.**

Weiterhin wird Ihnen iPhoto nach dem ersten Start den *Willkommen*-Bildschirm präsentieren.

*Der Willkommen-Bildschirm.*

Wenn Sie ganz neu sind in iPhoto, sollten Sie die Unterstützung, die der Dialog bietet, nutzen, um mehr über das Programm zu erfahren. Lassen Sie sich die ersten Schritte zeigen oder befragen Sie die Hilfefunktion.

## 1

*Die Ansteuerung des Einführungsfensters.*

Dieses Fenster verweist auf die Hilfefunktionen, die sich im Menüeintrag *iPhoto-Hilfe* finden lassen. Dort erhalten Sie beispielsweise eine Einführung zu den links angegebenen Themen.

*Die Einführung ist gestartet und bietet für die ersten Schritte mit iPhoto Unterstützung.*

Oder – sehr nützlich – Sie können aus dem Hilfe-Menü eine Übersicht über sinnvolle Tastaturkurzbefehle bekommen.

*Viele nützliche Dinge sind im Hilfe-Menü untergebracht.*

Nun also wurde iPhoto erfolgreich auf dem Rechner installiert und kann verwendet werden. Wie so viele andere Programme auch, wird iPhoto ständig von Apple aktualisiert, erweitert, ergänzt, in seiner Performance gesteigert etc. Damit Sie immer mit der aktuellsten Version arbeiten, empfiehlt es sich, eine weitere Grundeinstellung vorzunehmen: Am besten verwenden Sie erneut *cmd + Komma*, um in die *Einstellungen* zu gelangen. Dort sehen Sie im Reiter *Allgemein* am unteren Rand die Option *Automatisch nach iPhoto-Updates suchen*. Wenn Sie dieses Häkchen anbringen, wird bei jedem Start von iPhoto kurz über das Internet abgeklärt, ob eine neuere, aktualisierte Version verfügbar ist. Ist das der Fall, bekommen Sie ein Hinweisfenster und können entscheiden, ob Sie die neue Version von iPhoto einspielen möchten.

Neben den iPhoto-Grundeinstellungen können Sie zudem wie gehabt über die *Softwareaktualisierung* des Betriebssystems, also über das *Apfelmenü* und dort über den Menüpunkt *Softwareaktualisierung*, sich auf die Suche nach aktueller, neuer Software machen.

*Softwareaktualisierung.*

Die *Softwareaktualisierung* hat in diesem Zusammenhang den Vorteil, dass über das Betriebssystem die Suche nach Updates für alle installierten Apple-Programme durchgeführt wird. Das heißt: Es könnte ja sein, dass zwar für iPhoto gerade kein Update existiert, aber es gibt beispielsweise Updates für die Applikation iWeb oder GarageBand. Über die Softwareaktualisierung wird dies überprüft und Ihnen werden die entsprechenden neueren Versionen zum Download angeboten. Deshalb an dieser Stelle die Empfehlung, in regelmäßigen Zyklen die *Softwareaktualisierung* zu starten.

**Als versierter Anwender wissen Sie, dass die Softwareaktualisierung über die Systemeinstellungen in regelmäßigen Zyklen automatisch gestartet werden kann. Stellen Sie dort im besten Fall wöchentlich ein, um alle paar Tage nach neueren Versionen Ihrer installierten Programme zu suchen.**

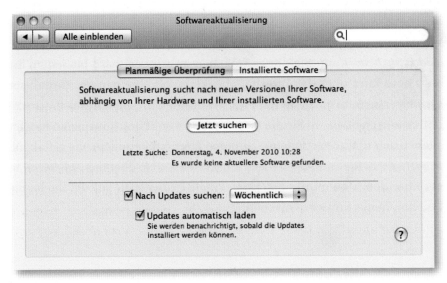

*Softwareaktualisierung in den Systemeinstellungen.*

## iPhoto updaten

Wenn Sie schon mit iPhoto arbeiten und eine alte Version auf iPhoto ´11 aufrüsten müssen, so wird Ihre bereits vorhandene Mediathek auf die neue iPhoto-Version angepasst und aktualisiert.

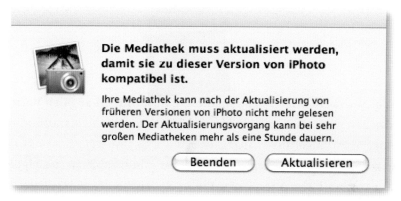

*Ihre bestehende Mediathek muss für iPhoto '11 aktualisiert werden.*

● **Wie Sie anhand des Bildschirmfotos erkennen können, ist nach der Aktualisierung mit iPhoto '11 Ihre Datenbank mit einer älteren Version von iPhoto nicht mehr bearbeitbar.**

Der Aktualisierungsvorgang kann abhängig von der Anzahl der Bilder, die Sie bereits in Ihrer iPhoto-Datenbank haben, eine gewisse Zeit in Anspruch nehmen. Ist der Aktualisierungsvorgang abgeschlossen, wird iPhoto gleich mit einer neuen Funktion auf Sie zukommen.

## Wo werden die digitalen Bilder von iPhoto abgelegt?

Wenn Sie über die Kamera oder diverse andere Möglichkeiten Ihre Bilder in iPhoto integrieren, müssen diese auf der Festplatte Ihres Computers verwaltet werden. Der Ort hierfür wird von iPhoto standardmäßig vorgegeben. Er befindet sich innerhalb Ihres *Benutzerordners*. Dort gibt es einen Ordner *Bilder* und in diesem Ordner *Bilder* finden Sie standardmäßig die sogenannte *iPhoto Library*. Dort werden, wenn Sie nichts anderes eingestellt haben, die Bilder, aber auch Filmdaten, die Sie in iPhoto importiert haben, abgelegt.

*Die Daten von iPhoto werden innerhalb des Benutzerordners im Bilder-Ordner abgelegt.*

Dabei sehen Sie lediglich ein einziges Icon, das alle Informationen enthält, die Sie in iPhoto eingegeben haben. Sie werden im Laufe des Kapitels sehen, dass in iPhoto sehr viele Funktionen und Einstellungen möglich und denkbar sind. Diese *Library*, also Datenbank, enthält all diese Einstellungen.

● Sie sollten auf diese Datenbank sehr gut aufpassen! Keine Frage – wird die Datenbank gelöscht, dann haben Sie all Ihre Informationen verloren, die Sie in iPhoto eingepflegt und strukturiert haben. Sie sollten diese Datenbank auch nicht umbenennen oder sonstige Dinge damit tun, um die Funktionalität von iPhoto nicht zu gefährden.

● Damit nicht aus Versehen schädliche Änderungen an der Datenbank vorgenommen werden, hat sich Apple dazu entschlossen, alle Bildinformationen lediglich durch dieses eine Icon darzustellen. Hinter diesem Icon verbergen sich jedoch jede Menge weitere Ordner und Dateien. Als „normaler" Anwender haben Sie keine Notwendigkeit, hinter die Kulissen dieses Icons iPhoto Library zu sehen. Aber dennoch, damit Sie sehen, wie komplex die Struktur aufgebaut ist, soll hier ein kurzer Blick in das sogenannte Paket erfolgen. Drücken Sie dazu die rechte Maustaste oder – sofern Sie über eine Maus verfügen, die keine rechte Maustaste hat – nehmen Sie die ctrl-Taste aus dem Kontextmenü und klicken Sie auf das iPhoto Library-Icon und verwenden Sie den Eintrag Paketinhalt anzeigen.

*Das Kontextmenü für Paketinhalt anzeigen.*

Sogleich erscheint ein neues Fenster, in dem Sie jede Menge Dateien sehen. Diese Dateien zusammen ergeben Ihre komplette iPhoto-Bilddatenbank.
Dort sind alle Daten für Funktionen wie Orte, Gesichter, die Schlüsselwörter
der Fotos, natürlich die Bilder selbst, die Ereignisse etc. abgelegt.

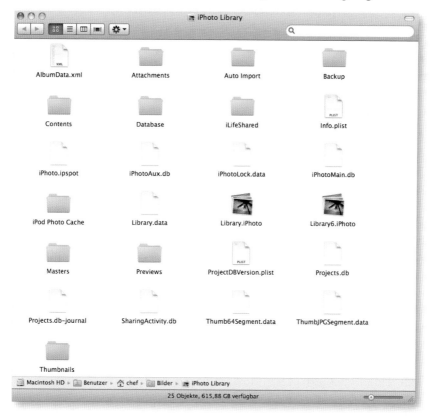

*Der Blick in die iPhoto Library.*

Noch einmal der Hinweis: **Bitte verändern Sie dort nichts, denn sonst könnte es sein, dass iPhoto nicht mehr in der Art und Weise arbeitet und funktioniert, wie es sein sollte.**

## Mehrere Bilddatenbanken

iPhoto bietet Ihnen als Anwender die Möglichkeit, mehrere dieser Bilddatenbanken zu verwalten, so dass Sie damit sehr einfach und bequem zum Beispiel berufliche von privaten Bildern trennen können. Wie aber kann man mit iPhoto auf eine andere Bibliothek umschalten?

*Mediathek auswählen.*

Um auf andere Bilddatenbanken – oder mit den Worten von iPhoto zu sprechen: *Mediatheken* – zugreifen zu können, halten Sie die *alt*-Taste gedrückt, während Sie das Programm iPhoto starten. Daraufhin erscheint ein Fenster, in dem Ihnen iPhoto anbietet, aus verschiedenen Mediatheken auszuwählen. Dort haben Sie auch die Option, eine neue Mediathek zu erstellen.

*Neue Mediathek „Berufliche Bilder" im Ordner „Bilder".*

Somit ist es ein Leichtes, eine neue Mediathek anzulegen. In diesem Fall – Sie sehen es anhand des Bildschirmfotos – wurde eine Mediathek mit dem Namen *Berufliche Bilder* erzeugt und erneut in den Ordner *Bilder* innerhalb des *Benutzerordners* eingebracht.

**Es ist nicht unbedingt notwendig, die Mediathek im Bilder-Ordner abzulegen. Sie können auch einen komplett neuen Ordner erzeugen und dort Ihre Mediathek-Dateien generieren. Ebenso ist es möglich, diese Mediathek-Dateien auf einem Server abzulegen, so dass mehrere Personen über den Server auf die Mediathek Zugriff haben.**

## Fitnessprogramm für Ihre Mediathek

Wie Sie vorhin durch die Funktion *Paketinhalt zeigen* gesehen haben, ist die Datenstruktur Ihrer Mediathek eine sehr komplexe Angelegenheit. Und weil diese Struktur so aufgebaut ist, hat Apple ein Fitnessprogramm beigelegt, das Ihre *Mediathek*-Datei einer regelmäßigen Wartung unterzieht. Dafür sollten Sie das Programm iPhoto beenden und beim erneuten Start die Tasten *cmd + alt* gedrückt halten. Daraufhin sollte ein Fenster mit dem Titel *iPhoto-Mediathek neu anlegen* erscheinen.

*iPhoto-Mediathek neu anlegen.*

Dort können Sie sechs verschiedene Optionen aktivieren. Der zweite Eintrag mit der Bezeichnung *Datenbank der iPhoto-Mediathek aus automatischem Backup neu anlegen* ist die mächtigste Funktion, denn dort wird aus einer Sicherungskopie, die von iPhoto selbstständig generiert wird, Ihre Datenbank komplett neu aufgebaut. Die anderen fünf Funktionen belassen Ihre Datenbank und versuchen, eventuelle Defekte automatisch zu beheben, so dass Ihre Datenbank danach wieder schnell und reibungslos funktioniert.

● **Meine Erfahrung aus der Arbeit mit iPhoto in den letzten Jahren ist, dass das Neuanlegen der Datenbank über das automatische Backup bis dato noch nie notwendig war, wohingegen** Kleine Foto-Miniaturen neu anlegen **oder** Datei-Zugriffsrechte für iPhoto-Mediathek untersuchen und reparieren **iPhoto beschleunigt und die Arbeitsweise mit dem Programm optimiert.**

An dieser Stelle darf ein ganz wichtiger Hinweis nicht fehlen: Kein Rechner ist davor gefeit, dass möglicherweise auch einmal die Festplatte kaputt geht oder gar der Computer gestohlen wird (denken Sie dabei an Ihren tragbaren Rechner). Deshalb sollten Sie in regelmäßigen Zyklen eine Sicherheitskopie Ihrer Datenbank erstellen. Das beste Programm hierfür ist das von Apple seit Version 10.5 mit Mac OS X mitgelieferte Time Machine. Time Machine erstellt jede Stunde ein komplettes Backup Ihres Rechners und somit stündlich ein Backup der in iPhoto geänderten und neu angelegten Daten. Wie Sie Daten mit Time Machine wiederherstellen, beschreiben wir am Ende von Kapitel 4.

# Importieren

# Importieren

## Einstellungen vor dem Import von Bildern

Bevor Sie nun alle Ihre Kameras und iPhones auspacken und an iPhoto anschließen, um die auf den Geräten enthaltenen Bilder und auch Filme (!) auf Ihren Rechner zu übertragen, sollten Sie einige Grundeinstellungen in iPhoto vornehmen, damit dem reibungslosen Import nichts im Wege steht. Verwenden Sie dazu am besten erneut die Tastenkombination *cmd + Komma*, um in die *Einstellungen* zu gelangen.

### Erweiterte Einstellungen

Der erste Anlaufpunkt ist der Reiter *Erweitert*.

*Erweiterte Einstellungen.*

#### Objekte in die iPhoto-Mediathek kopieren

Aktivieren Sie dort die Funktion *Objekte in die iPhoto-Mediathek kopieren*. Wie Sie vorhin gesehen haben, gibt es im Regelfall eine zentrale Datei, nämlich die *iPhoto Library*, die Ihre importierten Daten aufnehmen wird. Wenn Sie nun möchten, dass die Bilder Ihrer digitalen Fotokamera in diese Mediathek eingebracht werden, sollten Sie hier das Häkchen anbringen.

Für die Profis unter Ihnen kann es sinnvoll sein, Einstellungen im Bereich *RAW-Fotos* vorzunehmen.

## Bildformate in iPhoto

Bevor wir diese Einstellungen durchsprechen, ein kleiner Exkurs, welche Bildformate überhaupt in iPhoto integriert werden können:

- JPEG,
- GIF,
- PNG,
- JPEG 2000,
- PICT,
- PSD,
- BMP,
- TIFF,
- RAW (nur bestimmte),
- QuickTime-Filme (MOV).

*Filmdateien in iPhoto.*

**Importierte Filmdateien erkennen Sie an dem entsprechenden Icon in der linken unteren Ecke und der Angabe der Filmdauer auf der rechten Seite. Durch einen Doppelklick startet der Film und Sie können ihn ansehen.**

**Werden später Diashows in iPhoto erstellt, dann können alle zur Verfügung stehenden Diashow-Themen mittlerweile sogar Filme komplett abspielen. Soll der Film aber bearbeitet werden, muss sich das Programm iMovie der Sache annehmen.**

Nicht verwendet werden können hingegen EPS-Dateien oder PostScript-Dateien. Bei den RAW-Formaten handelt es sich um Profiformate verschiedener Kamerahersteller. iPhoto erstellt eine Kopie des hochwertigen Bildes im JPEG-Format. Um nun mit den RAW-Dateien arbeiten zu können, muss ein zusätzliches Programm ausgewählt werden, das mit diesen RAW-Informationen zurechtkommt. Das Profiprogramm schlechthin ist *Aperture* von Apple oder *Adobe Photoshop*. Wenn Sie also mit RAW-Daten arbeiten möchten und *Aperture* als externen Editor verwenden wollen, so ist das Häkchen bei *RAW verwenden, wenn ein externer Editor verwendet wird* anzubringen. Zusätzlich kann auch die Eigenschaft *Änderungen als 16-Bit-TIFF-Dateien sichern* aktiviert werden.

• **iPhoto kann aber nur die RAW-Formate lesen, die auch das Betriebssystem MacOS X selbst kennt, und das ist leider nicht jedes. Wenn Sie Informationen darüber benötigen, ob Ihr RAW-Kameraformat unterstützt wird, so gibt diese Apple-Support-Seite nähere Auskünfte: http://support.apple.com/kb/HT3825?viewlocale=de_DE**

### Suche nach Orten

Der letzte Punkt, den wir in *Erweitert* besprechen, ist die Eigenschaft *Suche nach Orten*. Wie bereits eingangs erwähnt, ist iPhoto '11 in der Lage, mit GPS-Koordinaten, die in Bildinformationen enthalten sein können, zu arbeiten. Damit iPhoto die Orte auf einer Weltkarte anzeigen kann, ist es notwendig, eine Internetverbindung zu haben. Denn Apple arbeitet an dieser Stelle mit Google zusamme. Und das heißt: Die GPS-Koordinaten sind Bestandteil des Bildes. Diese Daten werden über eine Internetleitung an Google übermittelt und sogleich wird eine Karte eingeblendet, auf der tatsächlich dargestellt wird, wo dieses Foto aufgenommen worden ist. Deshalb die Empfehlung, die Funktion *Suche nach Orten* auf *Automatisch* zu stellen.

Sollen die Ortsdaten beim Weiterreichen der Bilddaten zu z. B. Facebook ebenso erhalten bleiben, so ist die Funktion *Ortsinformationen für veröffentlichte Fotos einschließen* zu verwenden.

Der nächste Reiter, der noch zu konfigurieren ist, bevor die ersten Bilder in iPhoto eingebracht werden, ist der Punkt *Allgemein*.

## Allgemeine Einstellungen

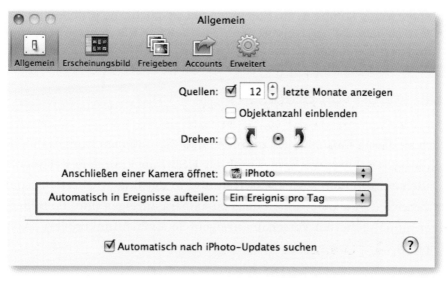

*Allgemein: Automatisch in Ereignisse aufteilen.*

Was sind *Ereignisse*? Neben den GPS-Koordinaten enthalten digitale Bilder eine unglaubliche Fülle an Zusatzinformationen, die iPhoto auswerten kann. So werden beispielsweise das Datum und die Uhrzeit, das Kameramodell, die Brennweite etc. mit dem Bild in iPhoto importiert. Ein *Ereignis* verwendet die Datumsangaben des Bildes. Sie sehen hier Einstellungsoptionen, wie iPhoto die Bilder während des Imports in verschiedene *Ereignisse* aufteilen soll. *Ein Ereignis pro Tag*: Alle Bilder, die am selben Tag aufgenommen wurden, werden ein und demselben Ereignis zugeordnet. Wenn Sie an dieser Stelle das Pull-down-Menü aufklappen, haben Sie die Wahl zwischen vier verschiedenen Aufteilungszeiträumen.

*Ereignisoptionen.*

Ich habe sehr gute Erfahrungen damit gemacht, *Ein Ereignis pro Tag* zu verwenden. Für Feierlichkeiten wie Jubiläen oder Hochzeiten jedoch kann es durchaus sinnvoll sein, auf *Zwei-Stunden-Abstände* oder *Acht-Stunden-Abstände* umzustellen.

● Natürlich können Sie nachträglich jederzeit die zu einem Ereignis zu-
sammengefassten Bilder wieder in mehrere Ereignisse aufteilen oder
anderweitig kombinieren. Hier legen Sie lediglich eine Grundeinstellung
fest, so dass Sie beim Import bereits vordefinierte Ereignisse bekommen
und sich somit eine Menge Arbeit sparen.

## Der Import von Bilddateien mit iPhoto

Nach all diesen Einstellungen und Grundkonfigurationen kann es nun end-
lich losgehen. Flugs die Kamera mittels USB-Kabel mit dem Rechner verbunden, wird iPhoto sogleich starten und in der linken Übersichtsspalte
im Bereich *Geräte* den Namen der Fotokamera anzeigen und die Bilder in
einer miniaturisierten Vorschau anzeigen. So einfach funktioniert das mit
iPhoto '11.

● Ich habe es in den vergangenen Jahren noch nie erlebt, dass eine Kamera
nicht automatisch von iPhoto erkannt wurde. Das heißt: Sämtliche Zu-
satzsoftware, die notwendig ist, um mit den Kameras zu kommunizieren,
wird beim Apple-Betriebssystem automatisch mitgeliefert, so dass Sie
einfach per Plug-and-Play Ihr Gerät anschließen und loslegen können.

Wir wollen uns nun diesen Import etwas genauer ansehen.

*Import der Bilder von einer iPhone-Kamera.*

Sie sehen: Auf der Kamera befinden sich aktuell 38 Bilder bzw. Filme. Oben
werden Statusinformationen angezeigt und Sie erkennen, in welchem Zeit-

raum diese Bilder aufgenommen wurden. Darunter sehen Sie den Begriff *Name des Ereignisses*.

Zudem sehen Sie im unteren Teil des Fensters das Häkchen bei *Ereignisse teilen*. Wenn Sie in den Einstellungen ausgewählt haben, dass iPhoto die Bilder tageweise zu Ereignissen gruppieren soll, dann wird iPhoto diese 38 Bilder auf das Datum ihrer Entstehung untersuchen und aufgrund des Datums eine bestimmte Anzahl von Ereignissen definieren. Dabei wird normalerweise der Datumswert als Ereignisname verwendet. Es sei denn, Sie tragen bei *Name des Ereignisses* einen anderen Begriff ein.

Weiterhin sehen Sie an der unteren Kante des iPhoto-Fensters einen Regler, mit dem Sie die Miniaturvorschau stufenlos größer oder kleiner darstellen können, um einen Eindruck von den Bildinhalten zu bekommen. Das kann durchaus notwendig und sinnvoll sein, wenn Sie nicht alle Bilder importieren möchten, sondern nur eine bestimmte Selektion der Bilder vornehmen wollen.

Wie aber erstellt man eine Selektion? Ganz einfach! Wenn Sie die *cmd*-Taste gedrückt halten, können Sie durch Klicken mit der Maus sukzessive Bilder in die Auswahl aufnehmen. Wenn Sie mit der *cmd*-Taste ein bereits selektiertes Bild (erkennbar an seinem farbigen Rahmen) anklicken, so wird dieses Bild aus der Auswahl entfernt. Verwenden Sie die Tastenkombination *cmd + A*, werden alle Bilder markiert, was identisch ist mit dem Button *Alle importieren*. Möchten Sie einen fortlaufenden Bereich von Fotos importieren, so empfiehlt es sich, das erste Bild der Selektion anzuklicken und mit gedrückter ⇧-Taste das letzte Bild. So werden alle Bilder, die zwischen dem ersten und dem letzten liegen, in die Auswahl mit aufgenommen. Oder aber Sie ziehen mit gedrückt gehaltener linker Maustaste einen rechteckigen Rahmen auf. Wenn Sie nun *Auswahl importieren* anklicken, werden genau diese Bilder in iPhoto übertragen.

Ist der Import erfolgreich durchlaufen, wird iPhoto danach fragen, was mit den Bildern auf der Kamera geschehen soll.

*Bildimport vom iPhone erfolgreich abgeschlossen.*

Sie können nun über den Button *Fotos löschen* die erfolgreich importierten Bilder von der Digitalkamera entfernen und müssen damit nicht manuell an der Kamera diesen Schritt erledigen. Wenn Sie hingegen *Fotos behalten* auswählen, dann bleiben die Bilder auf der Digitalkamera erhalten und können später einzeln oder komplett gelöscht werden. Wie dies an Ihrem Kameramodell zu bewerkstelligen ist, entnehmen Sie bitte der Bedienungsanleitung Ihrer Fotokamera.

**Was tun, wenn das Volume bereits voll ist?**

Während des Imports könnte es Ihnen passieren, dass iPhoto mit einer Warnmeldung auf Sie zukommt.

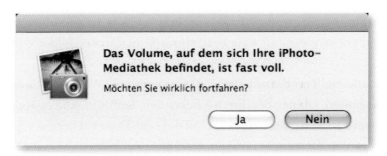

*Datenträger hat nur ungenügende Kapazität.*

Ihr Volume hat eine bestimmte Speicherkapazität, und wenn Sie bereits sehr viele Daten auf Ihrem Speichermedium haben, könnte es sein, dass Sie beim Import darauf hingewiesen werden, dass Ihr Datenträger bereits randvoll ist und Sie deshalb nicht alle Bilder importieren können. Sie müssen in diesem Fall, um mit dem Import fortfahren zu können, erst Platz auf Ihrem Volume schaffen.

Weiterhin könnte eine Warnmeldung auftauchen, sobald bestimmte Bilder schon einmal importiert wurden.

*Ein vorhandenes Duplikat wird gemeldet.*

iPhoto erkennt also, dass dieses Bild bereits in der Mediathek enthalten ist und fragt nun an, ob das Bild erneut importiert oder das bereits importierte Bild weiter verwendet werden soll.

Ist der Import dann erfolgreich über die Bühne gegangen, werden Sie unter dem Begriff *Letzter Import* all die neu eingeladenen Bilder und möglicherweise auch Filminformationen sehen. Werden anschließend weitere Bilder in iPhoto aufgenommen, so wird bei *Letzter Import* natürlich der zuletzt ausgeführte Vorgang erscheinen.

## Import von Bild- oder Filmdateien von einem Datenträger

Neben der Möglichkeit, Bilder oder Filme von einer Kamera zu laden, können sich diese auch auf einem Datenträger (CD, DVD, USB-Stick) befinden. Oder aber Sie verfügen über einen eingebauten oder externen Cardreader und bringen nun den Flash-Speicher Ihrer Digitalkamera in den Cardreader ein. Sogleich wird sich dieser Cardreader als Datenträger auf Ihrem Schreibtisch zu erkennen geben. Und nun sollen die Bilder in iPhoto importiert werden. Hierzu bietet Ihnen iPhoto mehrere Wege an.

**Bei neuen Laptop-Modellen sowie beim iMac sind SD-Cardreader eingebaut. Somit entfällt eine Investition in ein externes Gerät.**

# In die Mediathek importieren

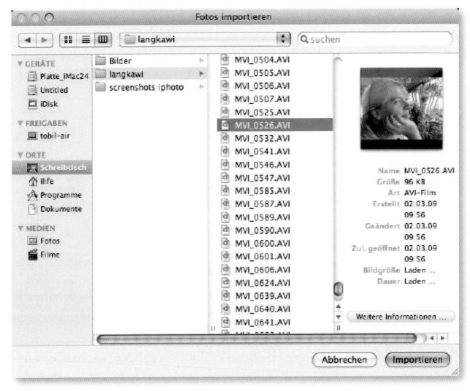

*„In die Mediathek importieren". In diesem Beispiel wird vom Schreibtisch importiert.
Bei externen Datenträgern sieht der Dialog genauso aus.*

Die erste und vielleicht auch einfachste Möglichkeit ist es, über den Menüpunkt *Ablage* die Funktion *In die Mediathek importieren* zu verwenden. Schneller führen Sie die Funktion über die zugehörige Tastenkombination aus, die
*cmd + ⇧ + I* lautet. Es erscheint nun ein *Öffnen*-Dialog. Navigieren Sie zu dem
Ablageort, an dem sich Ihre Bilder oder Filme befinden. Wählen Sie nun entweder den kompletten Ordner aus, in dem all die digitalen Daten enthalten
sind, oder aber – wie bereits vorhin erwähnt – erstellen Sie mit der *cmd-* oder
der ⇧-Taste eine Selektion der gewünschten Dateien, um sie dann in iPhoto
zu importieren.

*Der Reiter „Letzter Import" zeigt die Bilder des zuletzt getätigten Ladevorgangs.*

Wie Sie anhand des Bildschirmfotos erkennen, werden die so importierten Bilder nun sofort in Ereignisse aufgeteilt.

## Import per Drag-and-Drop

Neben der Möglichkeit des Imports über das Menü von iPhoto gibt es noch eine viel intuitivere Funktion, um Bilder von einem Datenträger in Ihre Mediathek aufzunehmen.

a) Wenn Sie auf Ihrem Datenträger einen Ordner haben, in dem sich Bilder und Filminformationen befinden, die Sie auch tatsächlich alle importieren möchten, dann nehmen Sie einfach den Ordner und ziehen diesen per Drag-and-Drop auf den Begriff *Fotos*. iPhoto signalisiert Ihnen durch einen grünen Kreis mit einem weißen „+" (⊕) darin, dass Sie nun einen Ordner inklusive der darin enthaltenen Daten importieren wollen.

*Ordner per Drag-and-Drop auf den Begriff „Fotos" ziehen.*

*Der Bildimport läuft.*

Sie sehen, dass alle Bildinformationen, die in dem zu importierenden Ordner enthalten sind, an iPhoto übermittelt werden. An einem Balken am oberen Rand des Fensters erkennen Sie, wie weit der Importvorgang bereits fortgeschritten ist. Wenn Sie das Bildschirmfoto ansehen, sind hier noch 555 Bilder zu importieren. Sie können mit einem Klick auf den Button *Importieren stoppen* den Import jederzeit abbrechen. iPhoto fragt Sie danach, ob Sie diejenigen Bilder, die Sie bis zum Zeitpunkt des Abbruchs importiert hatten, behalten möchten oder ob Sie diese verwerfen wollen. Weiterhin können Sie von dort aus auch den Import fortsetzen.

b) Statt den Ordner auf den Begriff *Fotos* zu ziehen, können Sie diesen ebenso auf den Begriff *Alben* oder *Ereignisse* ziehen. Der weitere Ablauf ist genau der gleiche; iPhoto beginnt, die Bilder zu importieren. Je nachdem, welche Einstellungen getroffen wurden, werden diese nach Ereignissen, zum Beispiel tageweise, aufgeteilt und in iPhoto übernommen.

**Sollten Sie aktuell noch keinen Eintrag Alben in der seitlichen Leiste haben, so können Sie vor dem ersten Import über Ablage –> Neu –> Album ein Album erzeugen. Von nun an können Ordner mit deren Bilddaten per Drag-and-Drop dorthin gezogen werden.**

Ist nun Methode a oder Methode b zu bevorzugen? Nun, im Fall von Methode a erhalten Sie ein sogenanntes *Album*. Dieses *Album* übernimmt den Namen des Ordners, den Sie auf den Begriff *Alben* gezogen haben. Wie Sie wissen, ist die Eigenschaft *Ereignisse* standardmäßig eine zeitliche Kategorisierung Ihrer importierten Bilder. Bei *Alben* hingegen können Sie die Bilder thematisch sortieren lassen. *Ereignisse* bieten Ihnen diese Möglichkeit nicht. Wenn Sie also zum Beispiel bei einer Hochzeit fotografiert haben und die Bilder befinden sich in einem Ordner, der so betitelt ist, dann ziehen Sie diesen Ordner auf den Begriff *Alben*. Somit erhalten Sie ein *Album*, das alle Bilder enthält, die anlässlich dieses Events aufgenommen worden sind. Falls sich die Hochzeit über mehrere Tage erstreckt hat, werden die Bilder im Bereich *Ereignisse* möglicherweise automatisch auf mehrere Gruppen verteilt. Sie können jedoch alle Bilder nachträglich in ein gemeinsames Ereignis zusammenführen.

Über viele weitere Ablage- und Sortiermechanismen sprechen wir später in diesem Kapitel noch ausführlicher.

**Haben Sie z. B. auf einem USB-Stick einen Ordner namens „DCIM" erstellt und Bilddateien darin abgelegt, so wird iPhoto diesen Stick sofort bei Geräte auflisten und der Import kann wie bei einer angeschlossenen Kamera stattfinden.**

*USB-Stick mit einem Bilderordner namens DCIM.*

## Informationen zu Bildern

Wie schon an diversen Stellen angedeutet, werden neben dem digitalen Bild jede Menge sogenannter *Metadaten* in iPhoto übertragen. Diese Metadaten haben im Zusammenhang mit digitalen Fotos einen speziellen Namen und heißen EXIF (Exchangeable Image File Format). Wo aber können diese Daten in iPhoto eingesehen werden? Dazu klicken Sie am besten ein Bild an, das sich in Ihrer iPhoto-Mediathek befindet und verwenden den Infos-Button. Alternativ führt Sie auch *cmd* + *I* ans Ziel. Sie können sich so am rechten Rand des iPhoto-Fensters einen Informationsreiter einblenden lassen, der Ihnen die wesentlichen Informationen zu diesem Bild darstellt.

Dort sehen Sie den Dateinamen des Bildes, der im Regelfall von der Kamera vorgegeben wurde. Zusätzlich werden Datum und Uhrzeit des Fotos dargestellt. Und weiterhin werden noch das Dateiformat (zum Beispiel JPEG-Bild) und die Größe des Bildes angezeigt. Das aber sind längst nicht alle Informationen!

*Informationen zu einem Bild.*

Wenn Sie genauer hinsehen, erkennen Sie zudem beispielsweise technische Daten des Bildes, wie die Verschlusszeit, die Brennweite, die Blende etc. Sie sehen auch, dass das Bild in unserem Fall mit einer Nikon D90 geschossen wurde, und Sie erkennen, dass die Nikon D90 derzeit noch nicht standardmäßig über ein GPS-Modul verfügt. Das bedeutet: Hier fehlen die Ortsangaben. Sie werden aber im weiteren Verlauf des Kapitels sehen, dass diese Ortsangaben auch nachträglich manuell eingepflegt werden können.

Worin besteht der Vorteil, wenn Sie über derartig umfangreiche Informationen zu Ihren Bildern verfügen? Ganz einfach: iPhoto gibt diese Informationen an die Suchmaschine von Mac OS X weiter, welche auf den Namen *Spotlight* hört. Damit können Sie via *Spotlight* eine Suche nach diesen Metadaten auslösen und wir können – das werden wir in einem späteren Abschnitt dieses Kapitels kennenlernen – ein *intelligentes Album* erstellen, welches diese Informationen ebenso verwendet.

Spotlight im Einsatz

Wir wollen an dieser Stelle die Funktion von *Spotlight* ausprobieren. Wie Sie vielleicht wissen, verwenden Sie im Finder die Tastenkombination *cmd + F*, um eine Spotlight-Suche auszulösen. Geben Sie den gewünschten Suchbegriff rechts oben in der Ecke ein und im Nu wird Spotlight alle Bilder finden, die dieser Metadateninformation aufweisen.

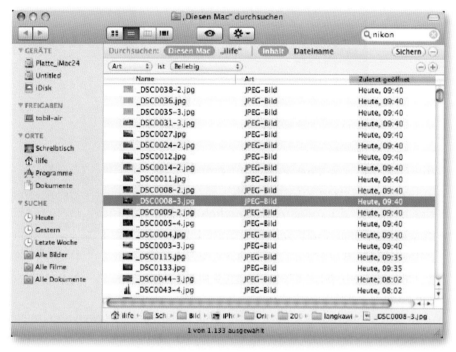

*Spotlight-Suche nach dem Begriff „Nikon".*

Aber nicht nur nach dem Kameranamen kann gesucht werden, sondern beispielsweise auch nach der Brennweite, der Verschlusszeit etc. Klicken Sie hierzu im *Spotlight*-Fenster auf den Begriff *Art* und wählen Sie *Andere* aus.

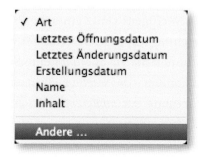

*Andere Suchkriterien.*

Nun erscheint eine unglaublich lange Liste, in der sämtliche Suchfunktionen, die Ihnen Spotlight zur Verfügung stellt, aufgelistet werden. Um diese unglaublich vielen Suchkriterien einzugrenzen, können Sie neben der Lupe einen Suchbegriff eingeben, um den für Sie relevanten Begriff zutage zu fördern.

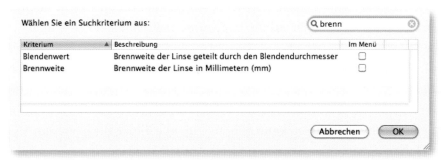

*Suchkriterium auswählen.*

Ich möchte also im Folgenden nur Bilder finden, die eine ganz bestimmte Brennweite aufweisen. Also wähle ich das Suchkriterium *Brennweite* an, bestätige mit *Ok* und habe nun die Möglichkeit, für das Suchkriterium *Brennweite* einen Wert zu definieren (wie zum Beispiel eine größere oder kleinere Brennweite als ein bestimmter Grenzwert). Und schon in dem Augenblick, in dem die Zahlen eingegeben werden, findet *Spotlight* in Sekundenbruchteilen alle dazugehörigen Fotos.

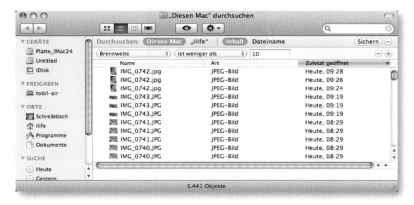

*Suchergebnis Brennweite.*

Und Sie sehen: Auf meinem Rechner befinden sich in der Summe mehr als 5000 Bilder, die mit einer Brennweite von weniger als zehn Millimetern geschossen wurden. Sie können nun die gefundenen Bilder durch einen Doppelklick öffnen, um die darin enthaltenen Informationen anzusehen.

*Suche in iPhoto.*

Wie Sie sicher schon gesehen haben, bietet iPhoto ebenfalls eine Suchfunktion an. Klicken Sie dabei auf die Lupe, um ein Eingabefeld zu erhalten. Geben Sie den Suchbegriff ein.

Sie können aber auch ein Suchkriterium auswählen. Sie haben *Alle*, *Datum*, *Schlagwörter* oder *Wertung* zur Auswahl. Haben Sie ein Kriterium selektiert, so erscheint entsprechend dazu ein weiterer Dialog, in dem man z. B. das Jahr und den Monat auswählen kann. iPhoto wird alle Bilder, die in diesem Monat und Jahr aufgenommen worden sind, als Auswahl im Hauptfenster aufführen.

*Suche nach Kriterien.*

*So sieht der Unterdialog des Suchkriteriums „Datum" aus.*

So weit zu den grundsätzlichen Einstellungen von iPhoto und zum Import der ersten Daten. Im Folgenden werden wir uns nun mit den umfangreichen Sortier- und Gruppierfunktionen wie *Ereignisse*, *Orte* und *Gesichter* beschäftigen.

● **Benötigen Sie die Suche häufiger, dann kann diese über cmd + F rasch aufgerufen werden.**

# Daten strukturieren

# Digitale Daten in iPhoto strukturieren

Nachdem iPhoto nun Bild- oder auch Filmmaterial erhalten hat, ist es an der Zeit, diese Daten zu strukturieren und zu organisieren. Doch bevor wir uns an diese umfangreiche und vielschichtige Arbeit machen, sollen noch einige Grundeinstellungen diskutiert werden, um das Erscheinungsbild in iPhoto den eigenen Bedürfnissen anzupassen.

## Wichtige Grundeinstellungen

*Allgemeine Einstellungen.*

Verwenden Sie erneut den Menüpunkt *iPhoto –> Einstellungen* bzw. die Tastenkombination *cmd + Komma*, um in den Einstellungsbereich zu gelangen. Dort wollen wir uns als Erstes die Abteilung *Allgemein* zu Gemüte führen. An erster Stelle finden Sie ein Häkchen neben dem Begriff *Quellen* mit der Angabe der zwölf letzten Monate. Entfernen Sie das Häkchen, dann wird aus der linken Seitenleiste, die man auch *Quellen* nennt, der Eintrag *Letzte 12 Monate* entfernt. Ändern Sie die Zahl, so können Sie dort Bilder zusammenfassen, die in den letzten x Monaten entstanden sind. Das ist eine sehr schöne Möglichkeit, um beispielsweise die Bilder des letzten Jahres oder der letzten Monate automatisch in einem Ordner gruppieren zu lassen. iPhoto kennt – wie vorhin gezeigt – das Datum und die Uhrzeit der Bilder, und die Angabe mit den letzten x Monaten tut nichts anderes, als in Ihrer Mediathek eine Suche nach diesen Monaten durchzuführen und die Bilder gesammelt aufzulisten. Wir werden in wenigen Minuten ein weiteres Werkzeug mit dem

Namen *intelligentes Album* kennenlernen, wo wir diese Technik individualisieren und perfektionieren wollen.

Das Häkchen bei *Objektanzahl einblenden* führt dazu, dass direkt neben den *Mediathek-Einträgen* im Bereich *Fotos*, *Alben* etc. angezeigt wird, wie viele Bilder darin enthalten sind. Das ist eine sehr nützliche und wichtige Funktion.

Ähnlich verhält es sich bei der Einstellung *Drehen*. Dort können Sie entscheiden, ob Sie standardmäßig beim Drehen eine Links- oder Rechtsdrehung bevorzugen.

Die Eigenschaften darunter werden wir uns später noch ansehen.

Wechseln Sie nun in den Bereich *Erscheinungsbild*.

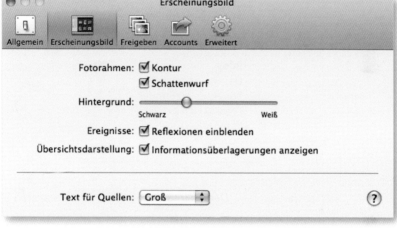

*Erscheinungsbild.*

Dort finden Sie eine Reihe von Funktionen, die die Darstellung in iPhoto betreffen. Sie sollten, um die Auswirkungen der Einstellungen sofort zu sehen, ein Ereignis oder ein Album im *Mediathek*-Bereich geöffnet haben, so dass Sie die Bilder darin erkennen können. Wenn Sie nun im Bereich *Fotorahmen* die Häkchen bei *Kontur* und *Schattenwurf* entfernen und wieder anbringen, sehen Sie direkt dahinter sofort die Auswirkungen. Ebenso verhält es sich mit dem Schieberegler bei *Hintergrund*. An dieser Stelle die Empfehlung, die Hintergrundfarbe eher dunkel zu halten, um den Kontrast zu den farbigen Bildern zu erhöhen.

Verwenden Sie *Reflexionen einblenden*, wenn Sie die sogenannten Schlüsselbilder der Ereignisse so darstellen möchten.

Zu guter Letzt können Sie noch für den linken *Quellen*-Bereich die Schriftart modifizieren. Die Standardeinstellung ist hierbei *Groß*. Sie können diese auf *Klein* umstellen, um mehr Platz in der seitlichen Leiste zu schaffen.

## Darstellungsvarianten

Wenn Sie nun ein *Album*, ein *Ereignis* oder einfach nur *Fotos* auswählen, dann werden die enthaltenen Bilder in einer bestimmten Sortierreihenfolge und mit den dazugehörigen Informationen angezeigt. Um hier Detaileinstellungen vorzunehmen, bietet sich der Menüpunkt *Darstellung* an.

*Darstellung.*

Wollen wir der Reihenfolge nach diese Eigenschaften begutachten und uns daraus resultierende Funktionen ansehen. Sofern Sie sich die *Titel* der Bilder einblenden lassen, wird unter jedem Foto oder jedem Film der von der Fotokamera vergebene Dateiname erscheinen. Klicken Sie diesen Dateinamen an, um dem Bild einen eigenen Namen zu geben.

*Titel eines Bildes ändern.*

Dieser wird – sofern die Titel eingeblendet werden – sowohl unterhalb des Bildes als auch rechts im *Informationen*-Fenster verwendet. Sie könnten die Namensänderung also auch im *Informationen*-Bereich vornehmen.

Die zweite Funktion betrifft das Einblenden der *Wertungen*. Aktivieren Sie auch diese, um den Bildern eine bestimmte Anzahl von Sternen zu vergeben. Dies tun Sie, indem Sie mit gedrückter linker Maustaste über die Sterne ziehen. Auch diese Funktion kann entweder im Bereich *Informationen* oder – sofern eingeblendet – unterhalb des Bildes stattfinden.

Sie werden später noch sehen, dass die Wertung eine sehr interessante Eigenschaft eines Bildes darstellt, die wir im Rahmen von intelligenten Alben verwenden können.

## Schlagwörter

Jedes Bild kann nur einen einzigen Titel bekommen. Aber die Beschreibung eines Titels muss durchaus nicht der einzige Begriff sein, der diesem Bild zugeordnet wird. Sie haben beispielsweise im Urlaub ein Foto mit Personen Ihrer Familie geschossen. Dann sollte dies bei den Bildern auch vermerkt werden können. Diese *Schlagwörter* dienen dazu, einem Bild oder Film mehrere Begriffe zuzuordnen. Und diese Begriffe können danach wieder im Rahmen eines sogenannten *intelligenten Albums* dazu verwendet werden, Fotos, die bestimmte Schlagwörter besitzen, zu sammeln.

Lassen Sie sich also im Menüpunkt *Darstellung* die *Schlagwörter* zunächst einmal einblenden.

Der zweite Schritt ist nun die Vergabe der *Schlagwörter*. Hierzu gehen Sie in den Menüpunkt *Fenster*, um dort den Eintrag *Meine Schlagwörter verwalten* zu aktivieren. Alternativ verwenden Sie die Tastenkombination *cmd + K*.

### Schlagwörter erstellen und zuweisen

*Das Fenster Schlagwörter.*

Apple hat dabei eine ganze Reihe von Schlagwörtern für Sie vorbereitet. Ziehen Sie Schlagwörter, die Sie häufig verwenden, einfach in die *Schnellauswahl*-Gruppe, um sie noch einfacher zu verwenden.

Wählen Sie den Button *Schlagwörter bearbeiten*, um die Schlagwortliste mit eigenen Begriffen zu ergänzen bzw. Vorschläge, die Apple schon vorgesehen hat, zu entfernen.

Noch einmal zu der Geschichte mit der *Schnellauswahl*-Gruppe: Sie sehen in der rechten Spalte neben dem jeweiligen Schlagwort die Option, diesem einen Kurzbefehl zuzuweisen. Hier können Sie im einfachsten Fall für jedes Schlagwort einen Buchstaben definieren, so dass das Zuweisen von Schlagwörtern sehr schnell erfolgen kann.

Ist dies geschehen und Ihre Schlagwortliste auf Vordermann gebracht, geht es nun an die Arbeit, Bilder mit Schlagworten zu versehen.

● **Jedes Bild kann beliebig viele Schlagwörter erhalten.**

● **Es gibt verschiedene Wege, wie mehrere Bilder gemeinsam Schlagwörter erhalten. Schnell und elegant geht es, indem Sie mit der cmd-Taste oder der ⇧-Taste oder der Tastenkombination cmd + A eine Reihe von Bildern selektieren. Sind die Bilder ausgewählt, so genügt ein einziger Klick auf ein Schlagwort in Ihrem Fenster, um dieses Schlagwort zuzuordnen.**

*Schlagwort zuordnen.*

Ebenso einfach wie das Zuordnen geht natürlich das Entfernen von Schlagwörtern: Sie klicken wieder das oder die Bilder an. In Ihrem *Schlagworte-*
Fenster klicken Sie auf das zugewiesene Schlagwort (erkennbar an der farbigen Hervorhebung) und mit einer kleinen Animation – eine verpuffende
Wolke – wird dieses Schlagwort aus Ihrer Selektion entfernt.

Noch einmal zurück zur Schnellauswahl: Wollen Sie Schlagwörter sehr
schnell vergeben, dann können Sie durch die Eingabe des Kurzbefehls dem
Bild ein Schlagwort zuweisen.

*Schlagwort zuweisen via Kurzbefehl.*

Sie sehen also, dass ich an der Stelle dem Bild die Eigenschaft „wichtig"
zuordnen möchte. Ich tippe lediglich den Buchstaben „w" ein und iPhoto
verwendet das Schlagwort „wichtig" und ordnet es diesem Bild auch zu.

Sollten Ihnen die Eigenschaften *Titel*, *Wertung* und *Schlagwörter* nicht aus-
reichen, um ein Bild mit weiteren Zusatzdaten anzureichern, dann können

Sie überdies bei aufgeklappter *Informationspalette* dem Bild auch eine Beschreibung zuweisen.

*Die Beschreibung eines Bildes befindet sich auf der rechten Seite.*

Dort können Sie nach Herzenslaune alle weiteren Ergänzungen zu einem Bild eintragen.

## Bilder aus- und einblenden

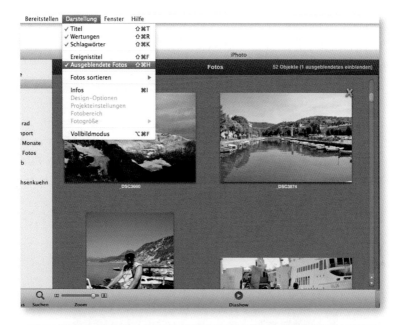

*Bilder aus- und einblenden.*

Vielleicht haben Sie sich schon gefragt, was die Funktion *Ausgeblendete Fotos* im Menü *Darstellung* für Sie tun kann? Ganz einfach: Wählen Sie eines oder mehrere Bilder aus und klicken Sie die Funktion *Ausblenden* über das Kontextmenü an (rechte Maustaste oder Gedrückthalten der *ctrl*-Taste und klicken). Sofort erhalten die Bilder in der rechten oberen Ecke ein orangefarbenes Kreuz. Wenn Sie nun über den Menüpunkt *Darstellung* das Häkchen bei *Ausgeblendete Fotos* entfernen, dann werden diese Fotos ausgeblendet. Sie

können dies zum Beispiel dafür verwenden, um intime Bilder zwar in der Sammlung zu verwahren, aber eben nicht anzeigen zu lassen. Weiterhin werden ausgeblendete Fotos nicht im Rahmen einer Diashow verwendet.

Wenn Sie im Menüpunkt *Darstellung* das Häkchen bei *Ausgeblendete Fotos* anbringen, werden die Bilder wieder dargestellt. Und umgekehrt können Sie natürlich über das Kontextmenü via *Zeigen* das Bild jederzeit permanent sichtbar machen.

> Statt der Verwendung des Kontextmenüs können Sie im rechten unteren Eck eines jeden Bildes ein Menü mit verschiedenen Funktionen aufklappen.

*Der Pfeil im rechten unteren Eck eines Bildes gibt weitere Funktionen frei.*

## Sortierreihenfolge

Nachdem Sie also nun Bilder mit verschiedenen Informationen belegt haben, kann es für Sie interessant sein, die Bilder – unabhängig davon, ob sie sich in einem Ereignis oder einem Album befinden – nach bestimmten Kriterien zu sortieren. Die Ereignisliste selbst kann auch einer Sortierung unterworfen werden. Sehr häufig verwendet wird die Sortierung nach Datum oder Titel. Aber bevor wir uns das genauer ansehen, wollen wir noch zwei Kleinigkeiten betrachten, die sehr oft in der Praxis zum Einsatz kommen.

Sie waren beispielsweise im Urlaub und sind dabei in einer anderen Zeitzone gewesen. Ihre Kamera hat es Ihnen aber nicht ermöglicht, Datum und Uhrzeit umzustellen, so dass die Bilder nach dem Import nicht die Uhrzeitangabe besitzen, die sie eigentlich haben sollten. Sie müssen und wollen also Ihre Bilder nachträglich mit anderen Datums- und Uhrzeitwerten versehen, um sie danach beim Sortieren auch in die korrekte Sortierreihenfolge zu bringen.

Hierzu bietet Ihnen iPhoto zwei Menüeinträge an. Beide sind unter *Fotos* zu finden. Der erste heißt *Datum und Uhrzeit anpassen* und der andere *Stapeländerung*.

**Datum/Uhrzeit ausgewählter Fotos anpassen**

Originaldatum und -uhrzeit Ihres ersten Fotos werden unten angezeigt. Stellen Sie die richtige Zeit ein und die Zeiten aller 4 Fotos werden entsprechend angepasst.

Original: 24.07.2010 10:18:11

Angepasst: 24.07.2010 14:18:11

☐ Originaldateien ändern

Originalfotos um 4 Stunden, 0 Minuten und 0 Sekunden verändern.

( Abbrechen ) ( Anpassen )

*Datum und Uhrzeit anpassen.*

Bevor Sie den Menüpunkt auswählen, sollten Sie diejenigen Bilder selektieren, die editiert werden sollen. Rufen Sie nun den Menüpunkt auf und geben Sie, weil die Bilder aus einer anderen Zeitzone stammen, die geänderte Uhrzeit ein. iPhoto weist Sie darauf hin, dass Sie nun die Uhrzeit um so und so viele Stunden und Minuten geändert haben. Wenn Sie jetzt den Button *Anpassen* wählen, wird jedes zuvor markierte Bild geändert. Sie sehen in meinem Bildschirmfoto eine Änderung um sechs Stunden. Das heißt: Alle markierten Bilder werden von der Zeit her um sechs Stunden nach vorne geschoben. Aktivieren Sie zusätzlich die Eigenschaft *Originaldateien ändern*, wird die Änderung nicht auf einem Duplikat stattfinden, sondern auf der Originaldatei, die iPhoto von der Kamera importiert hat.

Ähnlich, aber doch anders verhält sich der Menüpunkt *Stapeländerung*. Auch diesen finden Sie unterhalb von *Fotos*. Dort können Sie in einem Arbeitsschritt beispielsweise Titelinformationen, Datumswerte oder Beschreibungsinformationen bei Bildern anbringen.

Noch mal zur Datumsänderung: Bei der Datumsänderung beginnen Sie mit einem Startwert und geben zwischen zwei Fotos eine zeitliche Dimension an, wie von Foto zu Foto die Daten weitergereicht werden.

*Stapeländerung.*

Nun aber zurück zu den verschiedenen Sortiermöglichkeiten.

*Menüpunkt „Darstellung" –> „Fotos sortieren".*

Die Sortierfunktionalität ist grundsätzlich nach verschiedenen Kriterien
möglich:

– *Nach Datum,*

– *Nach Schlagwort,*

– *Nach Titel,*

– *Nach Wertung,*

– *Manuell.*

Bei allen Begriffen außer *Manuell* können Sie darüber hinaus noch festlegen, ob Sie in aufsteigender oder absteigender Reihenfolge sortieren möchten.

> **Bitte passen Sie auf, denn die manuelle Sortierung ist bei Ereignissen nicht möglich. Wenn Sie ein Ereignis durch einen Doppelklick geöffnet haben, wird eines der vier obigen Sortierkriterien verwendet. Lediglich die Ereignisübersicht oder Fotos, die in Alben erscheinen, können auch manuell sortiert werden. Manuelle Sortierung bedeutet: Sie können ein Bild bzw. ein komplettes Ereignis an eine beliebige Stelle innerhalb Ihres Arrangements ziehen.**

> **Besonders beliebt ist folgende Sortierfunktion: Man sortiert die Ereignisse nach Datum, und zwar absteigend, was bedeutet, dass das jüngste Ereignis ganz oben im Fenster erscheint und das älteste Ereignis ganz unten dargestellt wird.**

## Bilddaten markieren

iPhoto bietet eine weitere sehr einfache und überdies nützliche Funktion an, um Bilder sehr, sehr schnell aus verschiedenen Ereignissen oder Alben in einem neuen Bereich zusammenzufassen. Die Funktion heißt *Markieren*. Wenn Sie den Quellbereich von iPhoto ansehen, sehen Sie unterhalb von *Neu* bereits einen Ablageort namens *Markierte Fotos*. Dieser ist im Normalfall leer. Sie können nun aus verschiedenen Bereichen einzelne Fotos mit der Eigenschaft *Fotos markieren (Menüpunkt Fotos)* versehen. Diese Bilder werden daraufhin bei *Markierte Fotos* erscheinen.

*Markierte Fotos werden unter dem gleichnamigen Begriff links in der Seitenleiste zusammengetragen.*

Wählen Sie dazu in den Bereichen *Ereignisse, Fotos* oder in einem *Album* ein oder mehrere Bilder Ihrer Wahl aus und verwenden Sie entweder die Tastenkombination *cmd + Punkt* oder den dazugehörigen Menüpunkt *Fotos –> Foto markieren* bzw. Sie klicken auf das Fähnchen am linken oberen Bildrand. Sogleich werden diese Bilder mit einem orangefarbenen Fähnchen in der linken oberen Ecke dargestellt und erscheinen zusammengefasst unter *Markierte Fotos*.

Worin besteht der Sinn, verschiedene Bilder mit dieser Eigenschaft zu versehen? Nun, es könnte ja sein, dass Sie eine Selektion von Bildern zum Beispiel auf einen Datenträger brennen, aus iPhoto exportieren oder für Ihre Internetseite verwenden möchten. So können Sie sehr schnell und einfach die Bilder mit dieser Eigenschaft versehen und in einem Ordner sammeln. Diese Eigenschaft ist lediglich temporär. Das heißt: Wenn Sie möchten, dass die Bilder nicht mehr zu dieser Selektion gehören, so wählen Sie den Menüpunkt *Markierte Fotos* an. Rechts daneben steht eine Zahl, die die Anzahl der markierten Fotos anzeigt. Sofern Sie mit der Maus darüber fahren, wandelt sich die Zahl in ein X. Damit können Sie bei allen Bildern diese Eigenschaft entfernen.

*Alle Markierungen wieder entfernen.*

## Alben und Ordner

iPhoto bietet Ihnen, wie eingangs schon erwähnt, verschiedene Funktionen an, um Bilder gemeinsam abzulegen. Der Bereich *Alben* bzw. *Ordner* ist schlichtweg der Klassiker. Sie haben Bilder, die beispielsweise thematisch zusammengehören. Vielleicht Bilder, die aus dem Jahr 2010 stammen. Also könnte der erste und simpelste Weg sein, über das Menü *Ablage* einen neuen Ordner zu erzeugen und diesem die Jahreszahl 2010 zuzuweisen. Dieser Ordner „2010" könnte nun Alben enthalten, an denen etwas Besonderes stattgefunden hat. Also untergruppieren Sie den Ordner „2010" zum Beispiel erneut durch einen Ordner, den Sie „Sommer" nennen. Und innerhalb des Ordners „Sommer" könnten Sie dann ein Album anlegen, in dem Sie die Urlaubsbilder ablegen.

Das Ganze sieht dann wie im nachfolgenden Bildschirmfoto aus:

*Ordner- und Albenstruktur.*

Und wie Sie das vom Betriebssystem Ihres Computers gewohnt sind, können Sie die Ordner bzw. Alben in einem anderen Ordner oder Album einbringen, um Ebenen zu erzeugen, so dass tatsächlich „Sommer" der Unterordner von „2010" ist. Wenn Sie die Ordner- oder Albennamen ändern wollen, so klicken Sie einfach mit der linken Maustaste doppelt auf den Namen, um diesen zu editieren.

Sie sehen also: Sie können damit ein Fotoalbum bauen, mit verschiedenen Bezeichnungen versehen und die Bilder dort strukturiert und klassifiziert unterbringen.

**Jedoch besteht ein fundamentaler Unterschied zu Ihrem normalen papierenen Fotoalbum, das Sie vor Jahren noch hatten. Denn jedes Bild, das Sie in iPhoto hinzugefügt haben, ist in der Mediathek enthalten und wird im Quellbereich bei Fotos und Ereignisse angezeigt. Sie können nun ein und dasselbe Bild an mehreren Stellen erscheinen lassen. Dazu ziehen Sie zum Beispiel aus dem Bereich Fotos Ihre Selektion auf ein Album, um diese Bilder in das Album einzusortieren. Dabei können die Fotos in mehreren Alben gleichzeitig verwendet werden. Das bedeutet andererseits aber auch: Wenn Sie ein Bild in ein Album eingebracht haben und es von dort wieder löschen, wird es damit nicht aus iPhoto gelöscht, sondern nur aus dem jeweiligen Album entfernt. Erst wenn Sie das Bild aus dem**

Bereich **Fotos** oder **Ereignis** entfernen, wird es tatsächlich aus iPhoto und damit auch aus allen Alben entfernt. Informationen zum Löschen von Bildern finden Sie im Bearbeitungsteil einige Seiten weiter hinten.

## Fotos

Im Bereich *Fotos* sehen Sie Ihre Bilder fortlaufend im Überblick. Dies ist eine alternative Darstellung zum Bereich *Ereignisse*, den wir gleich im Anschluss besprechen werden. Der Unterschied zu den Ereignissen ist die listenförmige Aufstellung Ihrer Fotos. Sie können, wenn Sie möchten, verschiedene „Film-rollen" gleichzeitig öffnen und so den Inhalt betrachten.

*Filmrollen im Bereich Fotos. Die Bereiche können beliebig untereinander angezeigt werden.*

## Ereignisse

Genauso wie im Bereich *Fotos* verhält es sich mit den Bildern in Ereignissen. Ein Bild, das in einem Ereignis beinhaltet ist, kann nur in diesem existieren und nicht zugleich in einem anderen Ereignis. Denn wie Sie ja wissen, ist ein Ereignis normalerweise eine zeitliche Staffelung von Bildinformationen. Aber mit Ereignissen kann man noch deutlich mehr machen.

Angenommen, Sie waren 14 Tage im Urlaub. Beim Import der Bilder wurden diese möglicherweise tageweise in verschiedene Ereignisse aufgeteilt, abhängig von den iPhoto-Einstellungen. Sie möchten aber in der Summe nun alle Bilder zu einem einzigen Ereignis zusammenfassen. Dann können Sie dies nachträglich jederzeit tun. Sie markieren entweder mit der *cmd*-Taste oder der ⇧-Taste mehrere Ereignisse und wählen dann die Eigenschaft *Ereignisse verbinden* über das Kontextmenü aus. Alternativ dazu können Sie den Menüpunkt *Ereignisse* aufklappen und dort den Eintrag *Ereignisse erstellen* auswählen. So wird aus mehreren verschiedenen Ereignissen ein gemeinsames erstellt.

*Ereignisse verbinden.*

Noch etwas einfacher geht die ganze Geschichte, wenn Sie ein Ereignis mit der Maus auf ein anderes ziehen. Sie sehen einen grünen Kreis mit weißem Pluszeichen und das symbolisiert die Funktion, dass dieses Ereignis nun in das andere integriert wird.

*Ereignisse zusammenfassen.*

Ebenso leicht ist es, Bilder wieder aus einem gemeinsamen Ereignis zu lösen. Dazu sollten Sie mit einem Doppelklick das Ereignis öffnen, innerhalb

des Ereignisses einige Bilder markieren und dann die Funktion *Ereignis teilen* verwenden.

*Ereignis teilen.*

Sogleich wird aus der markierten Bilderselektion ein neues Ereignis erstellt, das Sie am besten gleich betiteln sollten, um es nicht mit anderen zu verwechseln. Dazu gehen Sie in die Ereignisübersicht und klicken unterhalb des Ereignis Schlüsselbildes und tragen dort einen Text ein.

> **Sollten Sie aus Versehen einmal eine Funktion ausgelöst haben, dann können Sie als routinierter Apple-Benutzer mit der Tastenkombination cmd + Z den letzten Arbeitsschritt widerrufen.**

Noch einige Detailanmerkungen zur Arbeit mit Ereignissen: Sie haben sicher schon bemerkt, dass – sobald ein Ereignis mehrere Bilder enthält – Sie in der Ereignisübersicht beim Darüberstreichen mit der Maus alle dazugehörigen Bilder zu Gesicht bekommen. Eines dieser Bilder repräsentiert das Ereignis. Apple nennt das ein sogenanntes *Schlüsselfoto*. Sie können jedes beliebige Bild, das Bestandteil des Ereignisses ist, als Schlüsselfoto verwenden. Dazu fahren Sie einfach mit der Maus über das Ereignis, bis das von Ihnen gewünschte Bild zum Vorschein kommt und drücken einmal die Leertaste. Damit wird dieses Bild fortan als Schlüsselfoto verwendet.

Wenn Sie ausgiebig mit Ereignissen arbeiten, was sehr anzuraten ist, sollten Sie zudem in den Einstellungen nachprüfen, ob dort alles vernünftig konfiguriert wurde.

Ereignisse sind also eine sehr angenehme Möglichkeit, Ihre Daten zu strukturieren und zu organisieren. Und es spricht nichts dagegen, diese Ereignisse in Kombination mit Alben zu verwenden, wo die Bilder eher nach einem Thema sortiert werden. Es handelt sich dabei nämlich um ergänzende und nicht um konkurrierende Konzepte, um Ihre digitalen Daten zu verwalten.

Sie haben sicherlich schon bemerkt, dass, wenn Sie durch einen Doppelklick ein Ereignis geöffnet haben, Sie am oberen Rand des iPhoto-Fensters einige Funktionen vorfinden.

*Einige Funktionen sind gleich innerhalb des Ereignisses zu bedienen.*

In der Mitte sehen Sie den Namen des Ereignisses. Sie können nach dem Anklicken dort einen anderen Begriff eingeben. An der linken Seite kommen Sie mit dem Schalter *Alle Ereignisse* wieder zurück zur Ereignisübersicht. Und wenn Sie die Pfeile an der rechten Seite verwenden, können Sie, ohne in die Ereignisübersicht zurückzukehren, durch die Ereignisse navigieren, was sehr effizient und zeitsparend ist.

## Intelligentes Album

Wie schon weiter vorne erwähnt, werden mit den Bildern jede Menge Metadaten, die sogenannten EXIF-Daten, mitgereicht. Diese enthalten neben Datum und Uhrzeit auch Brennweite, Verschlusszeit, Kamerabezeichnung etc. Das Programm iPhoto kann überdies den Fotos noch Zusatzinformationen mit auf den Weg geben: Bewertungen in Form von Sternen, Titelnamen, Schlagwörter, Beschreibungstexte usw.

Nun gibt es eine Funktion, die anders als die Ereignisse und Alben die Bilder quasi magisch zusammenfügt: das sogenannte *intelligente Album*.

Wenn Sie ein traditionelles Album oder ein traditionelles Ereignis erstellen, dann sind Sie derjenige, der die Bilder auf die entsprechenden Positionen verteilt. Ein intelligentes Album hingegen kreieren Sie, indem Sie eine Suche spezifizieren, die verschiedene Parameter enthalten kann.

Am besten wir schauen uns das einmal an einem einfachen Beispiel an: Wählen Sie also zur Erstellung eines intelligenten Albums den dazugehörigen Menüpunkt aus dem *Ablage*-Menü. Ich hätte nun gerne, dass in diesem intelligenten Album alle meine Lieblingsbilder gesammelt werden. Woran sind diese Lieblingsbilder zu erkennen? Alle meine Lieblingsbilder haben die Eigenschaft, mit fünf Sternen bewertet worden zu sein.

**Die Bewertung mit Sternen kann zum einen mit der Maus erfolgen, indem Sie über eine Anzahl von Sternen streichen, oder indem Sie Tastenkombinationen für die Sternvergabe verwenden. Dabei ist cmd + 5 für fünf Sterne gültig, wohingegen cmd + 0 für keinen Stern zum Einsatz kommt.**

Ihre Lieblingsbilder haben also fünf Sterne und sind vielleicht noch mit dem Schlagwort „Urlaub" gekennzeichnet.

*Intelligentes Album erzeugen.*

Ist diese Suchanfrage fertig definiert, so quittieren Sie dieselbige über *Ok*. Im Bereich der Alben wird nun ein neues Icon erscheinen mit dem Titel des intelligenten Albums, und auf der rechten Seite sehen Sie alle Bilder, die diesem Suchkriterium entsprechen.

*Intelligentes Album in der Albenliste.*

Sie können nun dieses intelligente Album wie ein normales Album in einen Ordner verschieben. Werden nun irgendwo in Ihrem Bereich *Fotos* oder im Bereich *Ereignisse* Bilder mit diesen Parametern versehen – also mit der Eigenschaft „5 Sterne" und dem Schlagwort „Urlaub" –, dann erscheinen diese Bilder automatisch auch innerhalb Ihres intelligenten Albums. Sie werden zugeben: Das ist wirklich eine sensationelle Funktion.

**Das intelligente Album hat auch ein Gegenüber im Programm iTunes. Dort nennt man es eine intelligente Wiedergabeliste.**

Wollen Sie das intelligente Album später bearbeiten, um die Suchkriterien zu ändern, dann empfiehlt es sich, mit der rechten Maustaste bzw. mit der *crtl*-Taste auf das Album zu klicken, um über den Eintrag *Intelligentes Album bearbeiten* auf diese Kriterien zugreifen zu können.

*Intelligentes Album bearbeiten.*

Kommen wir noch einmal zurück zu der Erstellung eines intelligenten Albums. Sie können beliebig viele Suchkriterien miteinander kombinieren und die Suchanfragen können entweder alle gleichzeitig erfüllt werden müssen

oder nur eine dieser Bedingungen. Somit haben Sie also faktisch unendlich viele Möglichkeiten, sich selbst derartig clevere Alben zusammenzustellen.

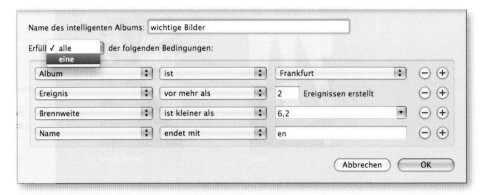

*Intelligentes Album mit vielen Kriterien.*

## Gesichter

Sie haben nun gesehen, dass iPhoto '11 ein sehr, sehr pfiffiges Programm ist und Ihnen den Umgang mit Ihren digitalen Bildern enorm erleichtern kann. In eben diese Sparte gehört auch die Funktion, die es jetzt zu besprechen gilt: die Funktion namens *Gesichter*.

Apple hat in die aktuelle Version von iPhoto eine Gesichtererkennung integriert. Am besten erkunden wir diese Funktion Schritt für Schritt, um ihre Leistungsfähigkeit erkennen zu können. Hierzu wählen Sie im Bereich *Fotos*, *Ereignisse* oder in irgendwelchen Alben ein Bild aus, auf dem das Gesicht einer Person abgebildet ist.

*Neues Gesicht hinzufügen.*

Wählen Sie nun *Fotos –> Fehlende Gesichter erkennen*.

● **Besonders gut funktioniert die Gesichtererkennung, wenn das Bild das Gesicht frontal zeigt, also Augen, Nase, Mund besonders gut erkennbar sind. Schwieriger und manchmal unmöglich wird es bei Aufnahmen von der Seite oder von oben.**

iPhoto erkennt automatisch, dass es sich um ein Gesicht handelt, und fügt einen weißen Rahmen ein. Darunter können Sie nun durch Anklicken dieser Person einen Namen geben. Bestätigen Sie diese Namensvergabe mit *Return*. Wählen Sie unterhalb von *Mediathek* den Eintrag *Gesichter* aus.

● **Alternativ hätten Sie bereits vorher Gesichter anwählen können. Dort listet Ihnen iPhoto sämtliche Gesichter auf, die auf Bildern erkannt wurden. Geben Sie auch dort Namen ein, um die Gesichter zu klassifizieren. Haben Sie bereits im Apple-Adressbuch einen dazugehörigen Namenseintrag, dann zeigt iPhoto dies mit einem kleinen Adressbuch-Icon.**

*Zweites Foto mit demselben Gesicht hinzufügen.*

Wird auf einem anderen Bild das Gesicht nicht erkannt, so können Sie mithilfe *Fehlendes Gesicht erkennen* einen neuen weißen Rahmen auf das Bild projizieren. Durch ein X links oben in dem weißen Rahmen können Sie ihn wieder vom Gesicht entfernen.

Wenn Sie also nun das zweite Gesicht mit demselben Namen titulieren, werden Sie bemerken, dass iPhoto bereits den Namen als Vorschlag in einer Liste führt. Haben Sie nun von ein und derselben Person einige Bilder ausgewählt und das Gesicht mit dem Namen der Person bezeichnet, können Sie über die linke seitliche Leiste von iPhoto in den Bereich *Gesichter* zurückkehren. Es sollte nun ein neuer Eintrag mit dem Namen der Person in der Abteilung *Gesichter* erschienen sein. Klicken Sie doppelt auf dessen Bild, beginnt die Magie von iPhoto: Sie haben einige Bilder mit Namen tituliert – iPhoto erkennt diese Person nun aufgrund der Gesichtsgeometrie und findet von ganz allein in der kompletten Fotosammlung Bilder, auf denen mit großer Wahrscheinlichkeit dieses Gesicht zu erkennen ist. Klicken Sie dazu auf *xy nicht bestätigte Treffer* im Informationsbereich oder darunter auf *xy ist möglicherweise in x weiteren Fotos*.

*Automatisch erkannte Fotos.*

Natürlich arbeitet iPhoto hierbei noch nicht absolut fehlerfrei. Darum wird Ihnen jetzt angeboten, die Auswahl genauer zu fassen, indem Sie iPhoto noch mehr Bilder der betreffenden Person geben, um die Treffergenauigkeit zu erhöhen. Sie sehen deswegen in der unteren Leiste die Anleitung, wie nun die Feinjustierung der Gesichtserkennung vonstattengehen kann.

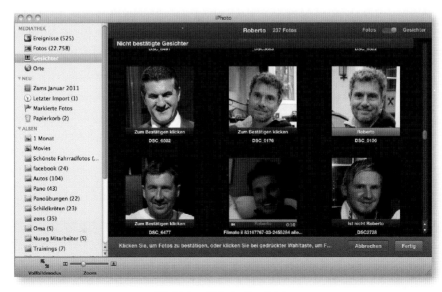

*Nicht bestätigte Gesichter.*

Und Sie sehen auf dem Beispielfoto, dass iPhoto die Bilder bereits sehr, sehr gut identifizert hat, aber doch an einigen Stellen andere Personen als „Roberto" erkannte. Die Gesichtserkennung wird umso besser, je mehr Bilder von „Roberto" iPhoto bereits kennt. Das heißt auch, dass Sie die Bilder, auf denen Toni definitiv nicht zu sehen ist, als nicht richtig erkannt deklarieren sollten.

Bei den Fotos, auf denen die gefundene Person nicht zu sehen ist, sollten Sie diese deshalb zwei Mal hintereinander anklicken. Der erste Klick bedeutet, Sie bestätigen, dass es sich um die gewünschte Person handelt. Mit dem zweiten Klick signalisieren Sie, dass dies nicht korrekt ist.

● **Sofern Sie die alt-Taste gedrückt halten, genügt ein Einfachklick zur Ablehnung.**

Um das Ganze zu beschleunigen, empfiehlt sich folgende Vorgehensweise: Vorausgesetzt die Erkennung lief sehr gut, sollten Sie alle Bilder markieren (rechteckigen Rahmen mit der linken Maustaste aufziehen) und danach nur die wenigen Bilder, die nicht die gesuchte Person zeigen, durch Klicken von dieser Selektion ausnehmen. Haben Sie alle Bilder durchgearbeitet, können Sie rechts unten in der Ecke mit *Fertig* Ihre Informationen an iPhoto weitergeben.

Sie werden nun erleben, dass iPhoto Ihnen im oberen Bereich neben den zuallererst selektierten Bildern auch die Bilder anbietet, die Sie vorhin bestätigt haben. Darunter im Bereich *Nicht bestätigte Bilder* ist möglicherweise zu sehen, dass iPhoto weitere Bilder aus Ihrer Fotosammlung ausgewählt hat und die Trefferquote deutlich verbessert wurde. Und je mehr Bilder Sie iPhoto zum Lernen geben, umso überraschter werden Sie sein, wie zielgenau iPhoto die Personen erkennt.

*Überall das gleiche Gesicht.*

Diese Funktion können Sie nun für beliebig viele Gesichter wiederholen. Werden neue Fotos von einer Digitalkamera auf Ihren Rechner übertragen, wird iPhoto automatisch versuchen, aufgrund der Gesichtserkennung diese Fotos auch den jeweiligen Personen zuzuordnen.

Sie erkennen dies daran, dass sich nach dem Import von neuen Bildern rechts neben dem Icon *Gesichter* ein Rad dreht. Das bedeutet, dass die jüngst importierten Bilder auf erkennbare Gesichter untersucht werden.

**Genauso wie bei den Ereignissen können Sie für jede Person, die im Bereich der Gesichter einen Eintrag besitzt, ein anderes Schlüsselfoto festlegen. Dazu fahren Sie mit der Maus über den Namen des Gesichts und wählen, wie Sie es bei den Ereignissen auch schon getan haben, mit einem Druck auf die Leertaste das gewünschte Bild als Schlüsselfoto aus. Sobald Sie das Schlüsselfoto mit der alt-Taste ansteuern, wird statt dem Kopf das komplette Bild angezeigt.**

Wollen Sie rasch einen Überblick bekommen, welche weiteren Gesichter sich noch in Ihren Bildern versteckt halten, dann klicken Sie unterhalb den Button *Gesichter suchen* an. Sie werden staunen!

*Weitere Gesichter suchen.*

## Geotagging und Orte

Ebenso faszinierend wie die Gesichtererkennung ist die Erkennung der Ortsdaten. Wenn Sie über eine Kamera verfügen, die in der Lage ist, die GPS-Daten Ihres aktuellen Aufenthaltsorts mit dem Bild aufzuzeichnen, dann läuft das Ganze wie von selbst.

- Bei Geotagging handelt es sich um eine Technik, die es dem Fotografen erlaubt, die aktuelle Position zu bestimmen und seine gemachten Aufnahmen mit den dazugehörigen Koordinaten zu versehen. Somit lässt sich im Nachhinein ganz leicht erkennen, wo auf der Welt ein Foto entstanden ist, denn die Koordinaten werden als Information dem Bild beigefügt.

- Einige neue Digitalkameras haben einen sogenannten Geotagger schon integriert, es ist aber auch möglich, eine einzelne GPS-Einheit zu kaufen, die einfach in den Fotorucksack oder die Hosentasche gesteckt wird. Dieser wird später per Herstellersoftware mit den geschossenen Fotos synchronisiert und die Bilder werden im Nachhinein mit den geografischen Informationen versehen. Einige Kamera-GPS-Einheiten werden auch in den Blitzschuh der Kamera gesteckt. Das hat den Vorteil, dass nur dann die Position gespeichert wird, wenn ein Foto gemacht wird, und der Geotagger sehr akkuschonend arbeitet.

Beispiele für Kameras mit Geotagging sind die aktuell im iPhone-Modell eingebaute Kamera, die CASIO EXILIM EX-H2oG oder auch die SAMSUNG

WB650. Es gibt für Spiegelreflexkameras wie zum Beispiel für die NIKON D90 einen speziellen Aufsatz, der die Aufgabe des Geotaggings übernimmt. Wir stellen Ihnen zwei Kompaktkameras vor:

## CASIO EXILIM EX-H20G

*CASIO EXILIM EX-H20G mit hervorragendem GPS-Empfang.*

Die mit Funktionen vollgepackte, dafür jedoch relativ smarte Kamera besticht durch die Schnelligkeit des GPS-Sensors. Sind Sie im Außenbereich, liegt die Erkennung der Geodaten im Sekundenbereich. Es ist keine Vorinstallation oder Ähnliches notwendig. Sofort sind die Daten zur Aufzeichnung bereit. Aber sogar in geschlossenen Räumen erkennt die Exilim die Position. Selbst der Blickwinkel auf das Motiv wird in den Geodaten aufgezeichnet. Sie besitzt einen 10-fachen optischen Zoom und 14 Megapixel.

## SAMSUNG WB650

*SAMSUNG WB650*

Die SAMSUNG WB650 mit geringerem Preis gegenüber der Exilim erweist sich als nicht ganz so schnell im Erkennen der Geodaten im Außenbereich. Leider ist das System in geschlossenen Räumen nicht ausreichend leistungs-

stark. Sie bekommen einen 15-fachen optischen Zoom und ein gutes und gro-
ßes Display an die Hand. Die Kamera hat 12 Megapixel Auflösung.

### Geodaten in iPhoto

Sind die Koordinaten im Bild integriert, so wird iPhoto beim Anzeigen der
Informationen umgehend die Position angeben. iPhoto arbeitet über die Koordinaten mit GoogleMaps®.

*Sofort erkennt iPhoto die ausgelesenen Daten der digitalen Kamera mit
GPS-Funktion.*

Es ist wirklich interessant, zu sehen, wo genau die Aufnahmen entstanden
sind. Aber richtig spannend wird es erst, wenn man die Fotos präsentiert,
zum Beispiel zu einem Buch zusammenstellt. Dann können die GPS-Koordinaten dafür verwendet werden, zum Beispiel auf Karten den gefahrenen
Weg oder die Sightseeing-Tour in einer Stadt zu präsentieren.

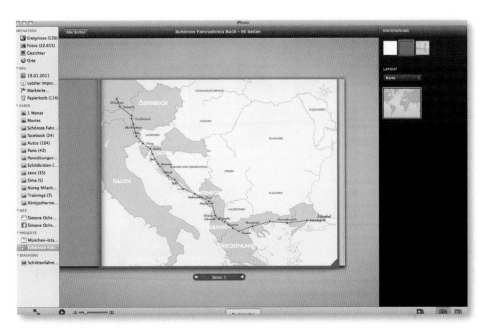

*Ausgelesene GPS-Daten wurden für die Erstellung einer Seite in einem Buch verwendet.*

Wie das zum Beispiel für eine Buchseite funktioniert, wird in Kapitel 5 ausführlich beschrieben.

## Geodaten nachtragen

Bei anderen Kameramodellen sind Sie darauf angewiesen, die Ortsbeschreibung nachträglich hinzuzufügen. Alternativ empfiehlt sich die Investition in sogenannte Geotagger oder in Zubehör für Ihre bestehende Kamera.

Doch sehen wir uns zunächst einmal an, wie es aussieht, wenn Sie über eine Kamera inklusive GPS-Koordinaten verfügen.

*Foto mit dem iPhone 4 erstellt.*

Sie sehen auf dem Bildschirmfoto ein mit der iPhone-Kamera erstelltes digitales Bild. Nachdem es in iPhoto '11 eingeladen wurde, klickt man unten auf den *i-Button* und erhält eine alternative Darstellung. Diese zeigt Ihnen bei verfügbarer Internetverbindung in wenigen Augenblicken über Google Maps den Aufnahmeort des Bildes in Form einer roten Stecknadel an. Und wie Sie es von Google kennen, können Sie nun von der Gelände- auf die Satellitendarstellung umschalten oder die hybride Darstellung verwenden, um Straßennamen und Gebäude zu sehen. Ebenso haben Sie über die *Plus-* und *Minus-Buttons* am unteren Rand des Fensters die Möglichkeit, in das Bild hineinzuzoomen.

*Vergrößerte Hybriddarstellung.*

Was aber ist zu tun, wenn Sie Fotomaterial haben, das noch über keine GPS-Daten verfügt? Dann können Sie wie folgt vorgehen: Markieren Sie ein oder mehrere Bilder, die am gleichen Ort entstanden sind, und klicken Sie nun wieder auf den *Informations-Button* am rechten unteren Eck des Fensters. Geben Sie – wie Sie es in Google Maps auch tun würden – an der Stelle *Ort zuweisen* den Ortsnamen und eventuell den Straßennamen ein. Sogleich wird, falls dieser Ort in der Google-Datenbank existiert, eine Liste erscheinen, in der der Ort und möglicherweise auch Sehenswürdigkeiten an diesem Ort aufgelistet sind.

⬤ **Seit iPhoto '11 werden Sehenswürdigkeiten an Orten zentral in einer Datenbank hinterlegt und erscheinen deshalb an dieser Stelle im Aufklappmenü.**

*Einem Bild den Aufnahmeort zuordnen.*

Wählen Sie den gewünschten Ort aus und Sie werden den Ort in Google Maps mit einer Stecknadel versehen angezeigt bekommen. Bestätigen Sie das Ganze mit der *Return*-Taste und schon haben Sie diesem Bild eine Ortskoordinate zugewiesen.

⬤ **Sie können die Ortskoordinaten entweder einem Bild individuell, mehreren markierten Bildern oder sogar einem kompletten Ereignis zuweisen.**

Verwenden Sie den Menüpunkt *Fenster –> Meine Orte verwalten*, um die Ortsinformationen zu korrigieren oder wieder zu entfernen.

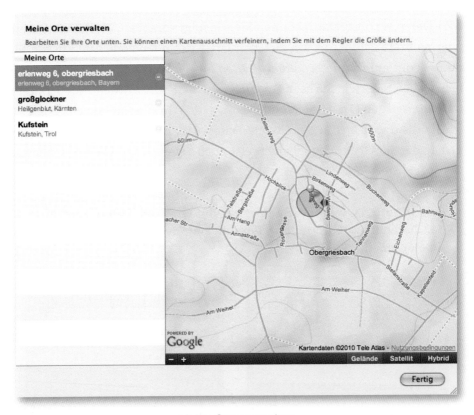

*Meine Orte verwalten.*

Fassen Sie dort zum Beispiel mit Ihrer linken Maustaste die Stecknadel an, um die Position noch feiner zu justieren.

> Oftmals haben Orte eine bestimmte Bedeutung. Beispielsweise könnte die Erlenweg 6 der Wohnort der Oma sein. Also wäre es schneller und einfacher, diese Adresse „Omas Haus" zu nennen. Und genau das können Sie tun. Kehren Sie dazu wieder zurück zu Fenster –> Meine Orte verwalten, und wählen Sie den Eintrag „Erlenweg 6" aus. Daraufhin klicken Sie ihn mit der Maus an und schreiben den Begriff Ihrer Wahl hinein.

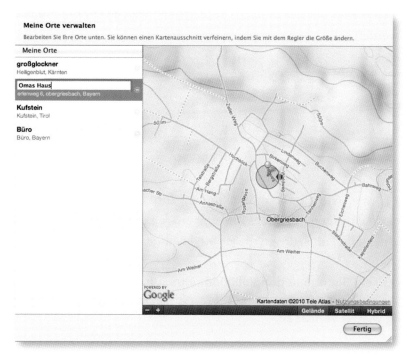

*Ortsbezeichnungen individualisieren.*

Und von nun an können Sie bei Bildern als Ereignisort „Omas Haus" verwenden und es wird automatisch die dort hinterlegte Adresse als Koordinateninformation für das Bild oder für das Ereignis verwendet.

Sofern Sie nun einige Bilder importiert haben, die GPS-Daten enthalten bzw. Daten zugewiesen haben, können Sie unterhalb der *Mediathek* auf *Orte* klicken.

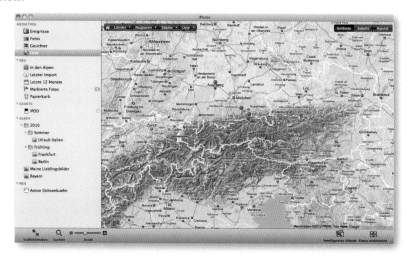

*Orte-Darstellung.*

## 3

Wählen Sie im oberen Bereich des Fensters, welche Informationen dargestellt werden sollen.

*Ansicht Orte.*

Nun können Sie die roten Stecknadeln „anfahren". Somit springt Ihnen der Begriff entgegen, wo dieses Bild entstanden ist. Mit dem Pfeil nach rechts erscheinen alle Fotos, die an dieser Stelle aufgenommen worden sind.

> **Wechseln Sie nun in den Vollbildmodus, um die Kartendarstellung bildschirmfüllend zu erhalten. Mit der esc-Taste können Sie diese Darstellung wieder verlassen.**

Sie sehen also, dass Sie durch die Eingabe von Ortskoordinaten ein weiteres Kriterium haben, um Ihre Bilder einsortieren und sichten zu können. Beachten Sie, dass die Bilder, die bei *Orte* oder auch bei *Gesichter* erscheinen, automatisch von Ihrem Computer aus der gesamten Bilddatenbank herausgefischt worden sind.

Wenn wir das alles in der Summe betrachten, bedeutet es: Sie haben über *Orte* eine wunderschöne Möglichkeit, Ihre Bilder nach Entstehungsort zu klassifizieren. Über *Gesichter* können Sie Personen, die Sie oft auf Ihren Bildern abgelichtet haben, ganz einfach von iPhoto sammeln lassen. *Ereignisse* sind hauptsächlich eine Möglichkeit, um zeitlich nah beieinander liegende Bilder zu sammeln. Und schlussendlich können Sie über *Alben* oder über *intelligente Alben* nach eigenen Kriterien Bilder zusammenstellen. Und nicht vergessen werden darf, dass Sie über die Vergabe von *Sternchen* oder *Schlagwörtern* noch weitere Möglichkeiten haben, Ihre Bilder innerhalb von iPhoto zu kennzeichnen und wieder zu finden.

# Bearbeitungs-funktionen

# Die Bearbeitungsfunktionen in iPhoto

## Drehen

Das Drehen von Bildern ist in iPhoto eine sehr einfache Geschichte. Und doch gibt es mehrere Möglichkeiten und einen simplen Trick. Zunächst einmal könnten Sie den Button *Drehen* bei den *Bearbeiten*-Funktionen am unteren Rand von iPhoto verwenden. Je nachdem, welche Grundeinstellung Sie unter *iPhoto –> Einstellungen –> Allgemein* gewählt haben – ob im Uhrzeigersinn oder gegen den Uhrzeigersinn gedreht wird –, verhält sich auch dieser *Drehen*-Button. Etwas einfacher, weil Sie damit recht schnell in beide Richtungen drehen können, sind die dazugehörigen Menüeinträge innerhalb von *Fotos*. Dort finden Sie für die Drehrichtung im Uhrzeigersinn die Tastenkombination *cmd + alt + R* und für die Drehrichtung entgegen dem Uhrzeigersinn die Tastenkombination *cmd + R*.

● **Alternativ dazu können Sie, statt auf den Button Drehen mehrfach zu klicken, den Drehen-Schalter mit gedrückter alt-Taste verwenden, um die Drehrichtung umzukehren.**

*Drehen.*

## Beschneiden

Um an die weiteren Bearbeitungsfunktionen zu gelangen, sollten Sie den *Bearbeiten*-Bleistift in der unteren *Symbolleiste* anklicken. Sogleich erhalten

Sie eine ganze Fülle von neuen Werkzeugen, mit denen sich Ihre Bilder in gewissen Grenzen bearbeiten lassen.

● **Sollten Sie umfangreichere Bearbeitungsmethoden wünschen, so sollten Sie das Programm Adobe Photoshop Elements oder Adobe Photoshop verwenden. Beide Programme sind natürlich nicht im Lieferumfang von iPhoto enthalten. Um mit diesen Applikationen als Bearbeitungsprogramm zu arbeiten, sollten Sie dies iPhoto mitteilen. Sie finden dazu in den Einstellungen im Reiter Erweitert den Eintrag Foto bearbeiten.**

Bleiben wir dabei, die Bearbeitungsfunktionen von iPhoto zu verwenden. So bekommen Sie dort als nächste Möglichkeit das *Beschneiden*-Werkzeug angeboten. Wenn Sie das Beschneiden-Werkzeug auswählen, können Sie überflüssige Bildelemente entfernen und Ihr Bild auf das Wesentliche reduzieren. iPhoto gibt Ihnen durch Rasterlinien eine Hilfestellung. Sie können auch das Häkchen bei *Format* anbringen, um vordefinierte Größen für den Beschnitt des Bildes zu verwenden.

*Beschneiden.*

## Begradigen

Auch kann es bisweilen vorkommen, dass Sie beim Ablichten eines Objekts Ihre Kamera schräg gehalten haben. Über die Funktion *Begradigen* und die

unterstützend eingezeichneten Hilfslinien können Sie das Bild waagrecht oder senkrecht an den Hilfslinien ausrichten.

*Schiefe Palmen und auslaufendes Meer sehen nicht gerade toll aus. Der Aufnahmefehler ist aber schnell behoben.*

## Verbessern

Auch diese Situation ist Ihnen sicherlich schon einmal untergekommen: Sie haben einen sehr hellen Hintergrund und alles, was Sie im Vordergrund fotografieren – Personen, Tiere oder Gegenstände –, erscheint deutlich zu dunkel oder zu flau. Über den Button *Verbessern* erhalten Sie eine Ein-Klick-Lösung, mit der iPhoto versucht, das Beste aus Ihrem Bild herauszuholen. Die Kontraste werden verbessert, helle Positionen etwas abgemildert und dunkle Stellen stärker nach vorne gebracht, um in der Summe die Bildqualität zu verbessern. Das funktioniert unserer Erfahrung nach mit Schneebildern am besten, denn dort findet in aller Regel eine Unterbelichtung statt. Generell kann man nicht vorhersagen, ob das Ergebnis für den Betrachter immer zufriedenstellend ist. Einen Versuch ist es aber allemal wert.

*Links das Originalbild und rechts das verbesserte Bild.*

- Wenn Sie während der Bearbeitung die ⇧-Taste drücken, zeigt Ihnen iPhoto die Ursprungsansicht des Bildes. So können Sie sehr schnell das Ergebnis dieser Funktion überprüfen.

- Sollte das Ergebnis nicht Ihren Erwartungen entsprechen und das Original tatsächlich besser gewesen sein als die verbesserte Version, dann verwenden Sie einfach den Menüpunkt Fotos –> Zurück zum Original.

## Rote Augen entfernen

Verwenden Sie diese Funktion, falls Sie beim Fotografieren auf dem Bild rote Augen erhalten haben. Probieren Sie zunächst die Funktion *Rote Augen automatisch korrigieren*, also die automatische Reduzierung der roten Augen. Sollte dies nicht funktionieren, wählen Sie darunter bei *Größe* die Größe Ihres Pinsels aus und überdecken Sie die roten Augen mit dem Pinsel in schwarzer Farbe.

- An dieser Stelle sei erwähnt, dass das Ergebnis nicht immer zur Zufriedenheit des Bearbeiters ausfällt. Gerade wenn das Motiv unscharf, zu klein oder grieselig ist, wie es oft bei nächtlichen Aufnahmen der Fall ist, müssen Sie auf ein professionelles Bildbearbeitungsprogramm z. B.

**Adobe Photoshop, ausweichen, sofern dieses zur Verfügung steht. Ansonsten bleibt die Aufnahme unbrauchbar.**

## Retuschieren

Retuschieren ist eine sehr einfache Funktion, um bei Aufnahmen im Detail, also etwa im Gesichtsbereich, zum Beispiel Verunreinigungen durch den *Retuschierpinsel* zu beseitigen. Dabei wird der Retuschierpinsel die Umgebungsfarbtöne aufnehmen. An der Stelle, an der Sie mit dem Pinsel arbeiten (dessen Größe Sie auch einstellen sollten), werden dann die Problemstellen übermalt.

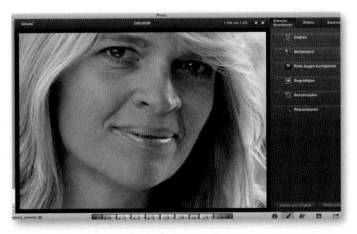

*Ganz gute Ergebnisse erzielt man mit dem Retuschewerkzeug.*
*Das Bild vor der Retusche ...*

*... das Bild nach der Retusche.*

## Effekte

Doch damit nicht genug! iPhoto stellt Ihnen neben dem Original acht weitere Effekte zur Verfügung, mit denen Sie mit nur wenigen Klicks Ihr Bild verfremden und anderweitig interessant gestalten können. Die Effektpalette bietet:

- – Schwarz-weiß,
- – Sepia,
- – Antik,
- – Maske,
- – Vignette,
- – Unscharf,
- – Überblenden,
- – Verstärkt.

Dabei ist die Anwendung kinderleicht: Mit einem ersten Klick wird die Funktion angewendet. Bei einigen Effekten sehen Sie eine Ziffer. Die Ziffer gibt den Grad, also die Stärke des Effekts an. In diesem Fall sehen Sie auf dem Bildschirmfoto, dass wir den Effekt *Maske* in der Stufe vier angewandt haben.

*Effekt Maske angewendet.*

Sie können nun durch wiederholtes Klicken den Effekt verstärken oder ihn durch den kleinen Pfeil nach links wieder abschwächen. Nachdem Sie einen ersten Effekt haben, können Sie zeitgleich auch einen zweiten Effekt anwenden, zum Beispiel nach der Verwendung der Funktion *Maske* noch den *Sepia*-Effekt. Und Sie sehen: iPhoto registriert live alle von Ihnen gemachten Änderungen. Das heißt: Es ist nicht notwendig, das Bild an dieser Stelle zu speichern oder irgendetwas anderes zu tun. In dem Augenblick, in dem Sie oben in der Ecke mit dem kleinen x das Effektefenster schließen, hat das Bild bereits die gewünschten Eigenschaften übernommen. Über die ⇧-Taste kehren Sie zum vergleichenden Original zurück.

Noch einmal der Hinweis: Wenn Sie mit der Qualität nicht zufrieden sind und von vorne beginnen möchten, wählen Sie über den Menüpunkt *Fotos* den Eintrag *Zurück zum Original*, um erneut zu starten.

Im oberen Teil sehen Sie zudem Effekte wie *Aufhellen*, *Wärmer* etc. Wollen Sie diese Funktion einsetzen, so ist der Bereich *Anpassen* zu wählen, weil dort diese Effekte noch viel feiner justiert werden können.

## Anpassen

Sie haben vorhin bereits über den *Effekte*-Button eine sehr einfach anzuwendende Lösung gesehen, wie iPhoto versucht, Ihre Bilder zu optimieren. Deutlich feiner justieren können Sie die Bildbearbeitung, indem Sie die *Anpassen*-Funktion anwählen. Denn hier stehen Ihnen eine ganze Reihe von Reglern zur Verfügung, wie Sie auch Profiprogramme wie Adobe Photoshop etc. kennen, um Bilder zu verbessern. iPhoto hält dabei folgende Regler für Sie bereit:

- *Tonwerte,*
- *Belichtung,*
- *Kontraste,*
- *Sättigung,*
- *Definition,*
- *Licht,*
- *Schatten,*
- *Schärfe,*
- *Rauschen reduzieren,*
- *Temperatur,*
- *Färbung.*

*Die Palette „Anpassen" lässt ein Feintuning Ihres Bildes zu.*

Am besten wird es sein, wenn Sie mit diesen Reglern etwas spielen, um das Beste aus Ihren Bildern herauszuholen. Sie sollten in allen Fällen – sofern sich Personen auf dem Bild befinden – den Eintrag *Hauttöne nicht sättigen* aktiv halten, so dass die Hauttöne der besonderen Aufmerksamkeit von iPhoto unterliegen und unabhängig davon, wie stark Sie das Bild an sich ändern, die Hauttonfarbe relativ natürlich belassen bleibt.

Haben Sie die Farbpipette neben dem Begriff *Färbung* gesehen? Damit können Sie nach Anwählen der Pipette und Auswahl eines weißen oder grauen Bildpunkts im Foto den Farbstich darin entfernen.

Sind Sie mit Ihren Einstellungen am Ende nicht zufrieden, klicken Sie auf den Button *Zurück zum Original*, um alle Regler wieder auf die Standardposition zu stellen und von vorne zu beginnen.

Über die Menüpunkte *Bearbeiten –> Anpassungen kopieren* bzw. *Anpassungen einsetzen* kann sich iPhoto ein Editierarrangement merken. Das heißt: Sie haben ein Bild aus einer Reihe von Fotos optimiert. In dem Augenblick, wo Sie auf *Anpassungen kopieren* klicken, merkt sich das Programm die Einstellun-

gen der diversen Regler. Sie wählen nun ein anderes Bild aus und klicken auf *Anpassungen einsetzen*. Somit erhält dieses Bild die gleichen Reglerpositionen wie das vorherige. Damit können Sie auf eine Reihe von Bildern schnell und effektiv die identischen Bearbeitungsschritte anwenden.

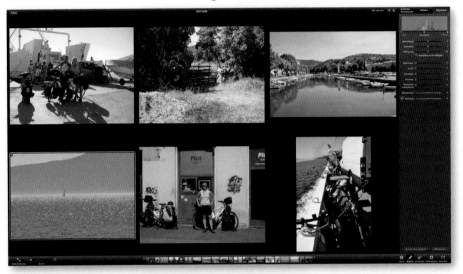

*Anpassen im Vollbildmodus.*

Bisweilen kann es aber deutlich einfacher sein, die Bilder zu optimieren, wenn Sie sie erstens größer sehen und zweitens mit einem oder weiteren anderen Bildern vergleichen können. Auch diese Möglichkeit bietet Ihnen iPhoto. Dazu sollten Sie in den Vollbildmodus schalten. Das gelingt entweder über den Menüpunkt *Darstellung –> Vollbildmodus* bzw. mit der Tastenkombination *cmd + alt + F* oder über den dazugehörigen Button im linken unteren Eck des iPhoto Fensters.

Und nun möchten Sie ein weiteres Bild vergleichend hinzufügen. Wenn Sie mit der Maus an den unteren Bildschirmrand fahren, erscheinen in einer waagrechten Reihe die anderen Bilder. Sie klicken mit gedrückt gehaltener *cmd*-Taste ein weiteres Bild an und schon haben Sie zwei Bilder nebeneinander. Das Bild, das in einem weißen Rahmen erscheint, ist das, an dem Sie aktuell die Änderungen durchführen. Klicken Sie auf das jeweils andere Bild, um den Rahmen zu verschieben und auch dort Änderungen durchzuführen.

Wenn Sie jetzt neben den *Anpassen*-Funktionen weitere Bearbeitungswerkzeuge benötigen, fahren Sie einfach an den rechten Bildschirmrand. Und dort finden Sie alle Bearbeitungswerkzeuge, die Sie bisher kennengelernt haben. Sie können im Vollbildmodus die Bilder vermutlich einfacher und schneller als bisher Ihren Bedürfnissen anpassen.

Sind Sie mit der Arbeit an dem oder den Bildern fertig, so wählen Sie unten links am Bildschirmrand den Button *Vollbildmodus,* um diesen wieder zu verlassen und in die normale Darstellung zurückzukehren.

## Bild löschen

Wenn Sie Bilder tatsächlich für so schlecht erachten, dass Sie sie nicht mehr in Ihrer Mediathek haben möchten, dann können Sie die Bilder selbstverständlich auch aus iPhoto entfernen. Bitte beachten Sie dabei, dass Sie sich im richtigen Bereich befinden. Das heißt: Sie sollten den Bereich *Fotos* oder *Ereignisse* angewählt haben, denn dort befinden sich tatsächlich die Originale Ihrer Bilder. Wenn Sie in den *Alben* unterwegs sind, dann bedeutet das Löschen lediglich, dass Sie die gewählten Bilder aus dem Album, aber nicht aus der Mediathek entfernen. Anders verhält es sich, wenn Sie im Bereich *Fotos* oder *Ereignisse* sind. Von dort aus können Sie Bilder löschen, wobei ein Bild, das Sie gelöscht haben, nicht sofort und unwiderruflich gelöscht wird, denn es wandert zunächst als Zwischenstation in den Papierkorb. Erst wenn Sie den Papierkorb entleeren, wird das Bild unwiderruflich gelöscht.

> **Wollen Sie ein Foto aus dem Album und damit zugleich aus der gesamten Mediathek entfernen, dann verwenden Sie die Tastenkombination cmd + alt + Backspace.**

Wie löscht man ein Bild? Ganz einfach: Sie klicken das Bild an, das Sie löschen möchten, und verwenden die *Backspace*-Taste, um es in den Papierkorb zu befördern.

> **Sie können auch eine Reihe von Bildern markieren – entweder getrennt voneinander mit der cmd-Taste oder zusammenhängende Bilder durch die Markierung mit der ⇧-Taste –, um sie gemeinsam in den Papierkorb zu legen.**

Wenn Sie den Papierkorb leeren möchten, klicken Sie mit der rechten Maustaste auf den Papierkorb und wählen den Befehl *Papierkorb entleeren* an, um die Daten unwiederbringlich aus Ihrer Mediathek zu entfernen. iPhoto wird Sie noch einmal mit einer Warnmeldung darauf aufmerksam machen, dass Sie diese Bilder nun endgültig löschen.

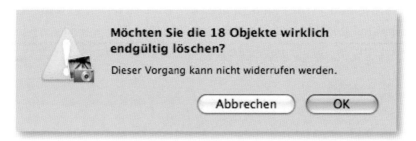

## 4

Papierkorb-Abfrage.

Was aber, wenn Sie Bilder gelöscht haben und zu einem späteren Zeitpunkt bemerken, dass Sie die Bilder eigentlich doch benötigen? Hier hat Apple vorgesorgt. Im Menüpunkt *Ablage* finden Sie den Eintrag *Backups durchsuchen*. Voraussetzung für das Funktionieren dieser Methode ist, dass Sie mithilfe von *Time Machine* eine Sicherungskopie Ihres Rechners und damit auch Ihrer iPhoto-Bilddaten erstellt haben. Dann können Sie den Time-Machine-Datenträger anschließen und über die Sicherungskopie die zuvor gelöschten Bilder oder Filme aus dem Backup zurück in Ihre aktuelle iPhoto-Library holen und anschließend ganz normal weiterarbeiten.

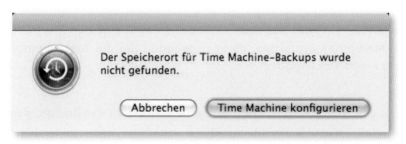

Time-Machine-Platte nicht vorhanden.

Wenn Sie diese Meldung bekommen, ist kein Datenträger zur Erstellung des Backups vorhanden. Bitte schließen Sie ihn an oder schalten ihn ein. Danach sieht Ihr Bildschirm aus wie auf der folgenden Abbildung.

*Time Machine im Einsatz.*

Rechts sehen Sie die zeitlichen Aufzeichnungen der aller getätigten Backups. Sie können bis zu dem Tag zurückspringen, an dem das erste Backup entstand. Wählen Sie einen Tag aus der Vergangenheit aus, an dem die Datei noch existiert haben könnte und klicken Sie anschließend auf die entsprechnde Bilddatei. Klicken Sie dann auf den Schalter *Wiederherstellen* rechts unten am Bildschirmrand. Time Machine saust vorwärts und legt das Bild an den Ort, an dem es ursprünglich war, wieder ab.

# Fotos bereitstellen und verteilen

# Fotos bereitstellen und verteilen

Nachdem Sie nun ziemlich viel Zeit investiert haben, um Ihre Fotos perfekt aussehen zu lassen und sie optimal in Ihre Strukturen einzusortieren, ist es an der Zeit, sich Funktionen anzusehen, mit denen Sie die Fotos von iPhoto aus zum Beispiel anderen Personen zur Verfügung stellen können. iPhoto hält hierfür eine ganze Bandbreite an Features für Sie bereit.

Einige dieser Funktionen sehen Sie direkt unten in der Symbolleiste von iPhoto, wie zum Beispiel die Begriffe *Diashow*, *Buch*, *Kalender*, *Karte*, *Mobile.me*, *Facebook*, *Flickr* und *E-Mail*. Das sind jedoch bei Weitem nicht alle Funktionen.

*Fotos bereitstellen und weitergeben.*

Wollen wir nun der Reihenfolge nach diese Funktionen ansehen und deren Besonderheiten klären.

## Schreibtischhintergrund

Eine sehr schnell erklärte Funktion ist die Eigenschaft *Bereitstellen –> Schreibtischhintergrund*. Dazu wählen Sie einfach das Bild Ihrer Wahl, verwenden den Menüpunkt und schon wird dieses Bild als Desktop-Hintergrund an Ihrem Rechner verwendet.

## Brennen

Wollen Sie einer anderen Person Ihre Daten digital weitergeben, dann ist das Brennen eines optischen Datenträgers eine wunderschöne Möglichkeit. Wählen Sie hierzu zum Beispiel im Bereich *Ereignisse* das Ereignis Ihrer Wahl aus und rufen Sie dann den Menüpunkt *Bereitstellen –> Brennen* auf.

*CD/DVD brennen.*

Anschließend fordert iPhoto Sie auf, einen Datenträger einzulegen, um die Daten auf diesem Datenträger ablegen zu können. Und wie die Hilfe schon erklärt, sind diese Bilddaten dann natürlich auf jedem anderen Computer – auch auf Windows-Rechnern – verwendbar.

Dem Brennen sehr nahe verwandt ist die Eigenschaft des *Exportierens*.

## Exportieren

Unter *Ablage* ist die *Exportieren*-Funktion zugänglich. Diese unterscheidet sich von der *Brennen*-Funktion darin, dass Sie beim Export verschiedene Formate wählen und die Bilder auf eine bestimmte Größe herunterrechnen lassen können.

*Exportieren.*

## Dateien

Sollen die Bilder zum Beispiel auf Ihren Schreibtisch, auf einen USB-Stick oder eine extern angeschlossene Festplatte exportiert werden, so verwenden Sie den Dateien-Export. Wählen Sie dort unter *Format* das Dateiformat, in dem der Export stattfinden soll. Standardmäßig ist JPEG voreingestellt. Sie könnten aber auch auf TIFF oder PNG umschalten. Sofern Sie JPEG verwenden, haben Sie die Möglichkeit, die JPEG-Qualität zu ändern. Wählen Sie hier zwischen *niedrig, mittel, hoch* und *maximal*. Weiterhin können Sie Titel und Schlagwörter ebenso wie Ortsinformationen dem Export mit auf den Weg geben. Der wohl interessanteste Eintrag ist die *Größe*. Wenn Sie hier das Pull-down-Menü anwählen, können Sie sich zwischen *Originalgröße, groß, klein, mittel* oder auch *Eigene...* entscheiden. Das macht insbesondere Sinn, wenn Sie mit einer qualitativ sehr hochwertigen Kamera, zum Beispiel einer digitalen Spiegelreflexkamera, die über 12 Megapixel verfügt, Aufnahmen gemacht haben und diese einer anderen Person in niedrigerer Qualität zur Verfügung stellen wollen. Weiterhin wird Ihnen die Option angeboten, die bestehenden Dateinamen zu verwenden oder neue Namen beim Export zu vergeben. Sie sehen also: Der Dateien-Export ist ein sehr mächtiges Werkzeug und Sie können viele Dinge an dieser Stelle einstellen.

**Wollen Sie Bilder im Originalformat aus iPhoto exportieren, dann können Sie diese einfach per Drag-and-Drop in ein Finder-Fenster ziehen.**

## Web-Seite

Die Idee der Website ist ebenso bestechend wie einfach: Sie wollen Ihre Bilder direkt auf eine Website bringen und als Basisgerüst eine HTML-Internetseite erzeugen. Im Reiter *Web-Seite* geben Sie neben dem Titel auch gleich an, wie groß die Bilder auf dieser Webseite sein sollen. Diese Option finden Sie in der Einstellung *Bild*. Man kann sowohl die Größe der Bilder als auch die der Miniaturansichten konfigurieren. Das heißt: Die Internetseite verfügt über Spalten und Zeilen und damit über eine Anzahl von Bildern in der jeweiligen Miniaturgröße. Wenn man dann auf eine Miniatur klickt, wird automatisch ein Hyperlink aktiv, der das vergrößerte Bild anzeigt. Zudem können noch verschiedene weitere Informationen exportiert werden: Titel, Beschreibungen, Orte, Metadaten etc.

*Web-Seiten-Export.*

Und so sieht das Ergebnis aus: Es wird eine Internetseite namens „index" erzeugt und weiterhin zwei Ordner namens „Thumbnails" sowie „Images", in denen die miniaturisierten sowie die hochaufgelösten Bilder enthalten sind. Jetzt fehlt nur noch ein FTP-Upload auf den Server und schon sind die Urlaubsbilder im Internet präsent.

Ich zeige Ihnen aber wenig später eine deutlich schnellere und einfachere Möglichkeit, wie die Bilder ins Internet eingestellt werden können.

## QuickTime

Via QuickTime können Sie als Anwender zum Beispiel eine Diashow, die wir gleich noch besprechen werden, in eine Filmdatei umwandeln. Was für Ihre Bekannten, die möglicherweise einen Windows-PC haben, den Vorteil hat, dass sie die Diashow dann eben als Film an ihrem PC ansehen können. Geben Sie dort ein, auf welche Größe die Bilder heruntergerechnet werden sollen, wie lange jedes Bild präsentiert werden soll und welche Hintergrundfarbe Sie verwenden möchten. Selbst die Musik, die Sie im Rahmen einer Diashow verwendet haben, wird in den QuickTime-Film mit übernommen.

## Diashow

Soll ein Ereignis in Form einer Diashow exportiert werden, dann geht das ähnlich wie im Bereich QuickTime: Es wird eine MPEG4-Datei aus iPhoto exportiert mit dem Hauptverwendungszweck, diese MPEG4-Datei in iTunes einzuladen. Sie erscheint dann in der Rubrik *Filme*. Von dort aus kann diese Diashow sehr einfach über das Programm iTunes zum Beispiel mit einem iPod oder einem iPhone synchronisiert und begutachtet werden. Sie geben in den Exporteinstellungen die Qualität des Filmes an, also ob Sie ihn 480 x 300 Pixel, 640 x 400 Pixel etc. groß haben möchten.

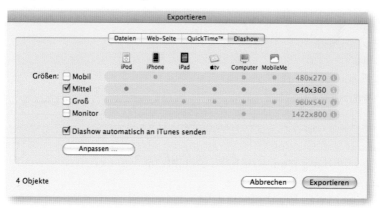

*Diashow-Export.*

## Übertragen der Daten zum iPod oder iPhone/iPad

Wie Sie gesehen haben, können Sie via *Diashow* die Bilder in bewegter Form mit Musikuntermalung auf Ihren tragbaren MP3-Player oder Ihr mobiles

Telefon übernehmen. Aber die Bilder an sich können ebenso über iTunes direkt auf Ihr mobiles Gerät aufgespielt werden.

*Synchronisation mit dem iPhone.*

Klicken Sie in der Spalte *Quelle* Ihr Gerät an und wählen Sie in den Synchronisationseinstellungen rechts daneben den Reiter *Fotos* aus. Für ausführliche Informationen lesen Sie bitte das Kapitel 6 „Synchronisation".

> Sie sehen dabei, dass es mit der aktuellen Version von iPhoto möglich ist, gezielt Ereignisse auszuwählen und auf Ihr iPhone oder Ihren iPod zu übertragen. Selbst die definierten Gesichter können auf die Geräte übertragen werden. Zudem haben Sie Zugriff auf Ihre Alben und die darin befindlichen Ordner sowie auf intelligente Alben. Sie sehen also, dass die Verzahnung iTunes, iPhoto und iPhone oder auch iPad hervorragend organisiert ist.

## E-Mail

Eine weitere sehr einfach zu realisierende Möglichkeit, die Bilder weiterzugeben, ist es, diese per E-Mail an den oder die Empfänger zu senden. Klicken Sie hierzu in der unteren Symbolleiste den Button *Bereitstellen* und dann *E-Mail* an oder verwenden Sie aus dem Menüpunkt *Bereitstel-*

len den dazugehörigen Eintrag. Auch hier macht es Sinn, die Größe der Bilder unter Umständen zu verringern. Wählen Sie bei Fotogröße, ob die Fotos optimiert oder in der Originalgröße versendet werden sollen, und geben Sie an, ob die ausgewählten Bilder an eine E-Mail angehängt werden oder lediglich als Bilder innerhalb des HTML-E-Mails erscheinen sollen. Entscheiden Sie sich weiterhin für ein Template für Ihre E-Mail, tragen noch die Empfängerdaten, Betreff-, sowie die Nachrichteninformationen ein und klicken anschließend auf *Senden*.

*E-Mail-Versand direkt in iPhoto.*

In den meisten Fällen sind maximal zehn Fotos für den Versand per E-Mail über iPhoto zugelassen. Wenn Sie mehr als zehn Fotos verschicken möchten, so stehen Ihnen nicht mehr alle Vorlagen zur Verfügung. Per Drag-and-Drop dürfen Sie die Reihenfolge der Bilder beliebig wechseln. Sobald Sie ein Bild anklicken, können Sie einen Ausschnitt wählen sowie ein Detail des Fotos hervorheben.

Dazu noch einige Detailanmerkungen: Sie haben sicher schon bemerkt, dass der Verzicht auf *Fotos an E-Mail anhängen* die versendete E-Mail deutlich schrumpfen lässt. Bedenken Sie, dass mittlerweile viele Menschen via iPhones, iPads oder andere mobile Geräte über UMTS oder EDGE E-Mails abrufen und es Ihnen sicher danken, wenn die Dateigröße sich im vernünftigen Rahmen bewegt.

Die Empfängeradressen werden von Apples Adressbuch bezogen. Sie können aber auch jede beliebige E-Mail-Adresse bei *An:* eintragen und so die E-Mail an mehrere Personen gleichzeitig versenden.

Die Absenderinformationen werden aus den Programmeinstellungen bei Accounts ausgelesen.

*Account-Informationen.*

Legen Sie dort die E-Mail-Accounts an, von denen aus iPhoto die Foto-E-Mails versenden soll. Sie können selbstverständlich hier mehrere Accounts hinterlegen und sich dann beim E-Mail-Versand für den passenden Absender entscheiden.

Wenn Sie mit der rechten Maustaste auf Fotos oder Textdaten innerhalb der E-Mail klicken, so erreichen Sie eine Reihe von Zusatzfunktionen. Im Textbereich finden Sie beispielsweise Formatierungsfunktionen vor und bei Bildern können Sie einen Ausschnitt vergrößern und das Bild im Rahmen bewegen.

> **Sobald Sie nun Fotos per E-Mail oder Facebook etc. übertragen haben, werden diese Daten dem Bild zugeordnet und können nachträglich eingesehen werden. Klappen Sie deshalb den Infos-Bereich auf und klicken das entsprechende Bild an, um zu sehen, wie dieses weiterverwendet wurde.**

*Freigabe-Infos zu Bildern.*

## Freigeben im lokalen Netzwerk

Sind die Personen, die die Bilder begutachten dürfen, gar nicht so weit entfernt, sondern in Ihrem Haus oder Ihrer Wohnung, dann ist es viel einfacher, die Bilder an sie weiterzureichen: iPhoto bietet hier die Freigabe im Netzwerk an.

*Einstellungen –> Freigeben.*

● **Wenn Sie selbst in Ihrem Netzwerk nicht nach freigegebenen Fotos suchen wollen, dann entfernen Sie das entsprechende Häkchen.**

Wollen Sie hingegen Ihre Daten im Netzwerk zur Verfügung stellen, so
bringen Sie das Häkchen bei *Meine Fotos freigeben* an. Und darunter definieren Sie, ob Sie Ihre gesamte Bildsammlung oder nur bestimmte Alben
freigeben wollen. Beachten Sie hierbei: Ereignisse können nicht im Netzwerk
freigegeben werden. Also wählen Sie die dazugehörigen Alben aus, um sie
im Netzwerk anderen Personen zur Verfügung zu stellen.

Versäumen Sie es nicht, bei *Sichtbar als* Ihrer Freigabe noch einen Namen
zu geben. Wenn Sie möchten, dürfen Sie noch ein optionales Kennwort eintragen, damit nicht jeder auf Ihre Bilder zugreifen kann.

Schließen Sie dann wieder das Einstellungsfenster und schon ist die ganze
Sache abgeschlossen. An einem anderen Rechner im Netzwerk, der in den
Einstellungen bei *Freigeben* das Häkchen bei *Nach freigegebenen Fotos suchen*
angewählt hat, erscheint dann im Quellbereich unter *Freigaben* der Rechner
mit den freigegebenen Fotos.

*Freigaben an einem anderen Rechner.*

## Weitergabe der Daten über das Internet

Neben der bereits diskutierten Funktionalität, Bilder per E-Mail zu versenden, hat iPhoto '11 standardmäßig drei Dienste integriert, um mit wenigen Klicks Bilder an das Internet zu übertragen. Diese drei Dienste sind *MobileMe*, *Facebook* und *Flickr*.

### MobileMe

MobileMe ist ein Dienst, der von Apple angeboten wird. Sie bekommen dabei für einen Jahresbetrag von derzeit 79,00 Euro (Stand: November 2010) eine E-Mail-Adresse, Speicherplatz auf Servern von Apple und damit die Option, Bilder auf diese Server zu übertragen. Sie besorgen sich einen MobileMe-Zugang, indem Sie auf die Website *www.me.com* gehen und sich dort ein Test-Abo besorgen und damit 60 Tage lang kostenlos die Funktionalität ausprobieren. Sollten Sie bereits einen Account bei MobileMe besitzen, so tragen Sie diesen in den *Systemeinstellungen* unter *MobileMe* mit Benutzername und Kennwort ein und sogleich übernimmt iPhoto '11 diese Einstellungen.

Damit ist das Weitergeben der Daten an MobileMe nur noch einen Klick entfernt. Wählen Sie beispielsweise ein Ereignis an, das Sie an MobileMe übertragen wollen, und klicken Sie auf den Begriff *MobileMe Galerie* und dann im Regelfall auf *Neues Album*.

**Möchten Sie „In den Alpen" in Ihrer MobileMe Galerie veröffentlichen?**

Hiermit erstellen Sie ein Album auf Anton Ochsenkuehns MobileMe Galerie. Sie können sich das Album mit Safari oder jedem beliebigen modernen Browser ansehen. Der Titel dieses Albums ist für jeden sichtbar, der sich Ihre Galerie ansieht.

| | |
|---|---|
| Albumname: | In den Alpen |
| Album sichtbar für: | Jeden ▲▼ |
| Erlauben: | ☐ Fotos oder gesamtes Album laden |
| | ☑ Foto-Upload per Webbrowser |
| | ☑ Fotos per E-Mail hinzufügen |
| Anzeigen: | ☑ Fototitel |
| | ☐ E-Mail-Adresse für Foto-Upload |

( Erweiterte Einstellungen einblenden )  ( Abbrechen )  ( Veröffentlichen )

*Neue MobileMe-Galerie.*

Definieren Sie an dieser Stelle, wer die Bilder im Internet einsehen darf. Sie können Namen und Kennworte definieren, bestimmte Personen zuordnen oder schlicht und ergreifend Ihre Fotos für jedermann zur Verfügung stellen. Vergeben Sie darüber hinaus weitere Berechtigungen, die da lauten: *Fotos oder gesamtes Album laden, Foto-Upload per Webbrowser, Fotos per E-Mail hinzufügen*, damit andere Personen Ihrem Album weitere Informationen hinzufügen können.

**Die Eigenschaft Fotos per E-Mail hinzufügen sollten Sie unbedingt aktivieren, wenn Sie über ein iPhone verfügen. Denn ein iPhone hat ja ständig über UMTS, EDGE oder WLAN Kontakt mit dem Internet. Wenn Sie am iPhone mit Ihrer Kamera ein Foto schießen, können Sie dies – sofern auch am iPhone MobileMe eingerichtet ist – mit einem Klick diesem Album hinzufügen. Und die so hinzugefügten Bilder werden automatisch auf Ihren Rechner übertragen, sobald dieser eine Internetverbindung aufbaut.**

Haben Sie alle Einstellungen vorgenommen, klicken Sie auf den Button *Veröffentlichen* und Sie sehen links im *Quellen*-Bereich, dass ein neuer Eintrag mit dem Namen ihres *MobileMe-Accounts* erscheint sowie ein drehender Pfeil, der anzeigt, dass Daten nun übertragen werden.

## 5

*Neue MobileMe Galerie wird ins Internet hochgeladen.*

Zudem läuft rechts oben im iPhoto-Fenster eine Zeitleiste, die Ihnen den Fortgang der Veröffentlichung grafisch darstellt.

*Informationen zur MobileMe Galerie.*

Nach erfolgreichem Upload der Bilder erscheint am oberen rechten Rand des Fensters die E-Mail-Adresse, mit der neue Fotos der Galerie hinzugefügt werden können. Klicken Sie auf den Pfeil nach rechts neben dem Galerienamen, um zum Internetbrowser Safari zu wechseln und dort die Galerie zu begutachten.

*Galerie im Web.*

Diese Browser-URL können Sie nun an Freunde und Bekannte weitergeben, sofern Sie die Zugriffsrechte auf *Jeder* gesetzt haben. Sie müssen sich aber diese URL nicht merken, denn innerhalb der Browserseite sehen Sie im oberen Bereich ein Briefsymbol, auf dem *An Freunde* steht. Wenn Sie dieses Icon anklicken, wird eine E-Mail erzeugt, die die URL-Adresse enthält, unter der Ihre Galerie zu sehen ist. Sollte das Briefsymbol nicht dargestellt sein, so klicken Sie zunächst auf *Optionen einblenden*.

**Wollen Sie nachträglich die Veröffentlichungseinstellungen ändern, so wählen Sie Einstellungen ändern. Diese Funktionen sind zugänglich, sobald Sie den Infos-Bereich eingeblendet haben.**

*Galerie-Einstellungen ändern bzw. ankündigen.*

Neben Fotos können bei MobileMe natürlich auch Videos zum Einsatz kommen. Laden Sie diese einfach wie Bilder in die MobileMe Galerie im Internet hoch.

Noch einmal zurück zu der Geschichte mit dem iPhone. Wenn Sie es also zugelassen haben, dass Bilder der Galerie hinzugefügt werden können und Ihr iPhone für MobileMe konfiguriert wurde, dann wählen Sie ein aktuell geschossenes Foto oder ein bestehendes Bild auf Ihrem iPhone aus und wählen dort die Funktion *An MobileMe senden*.

*Bild vom iPhone an MobileMe senden.*

Sogleich fragt Sie Ihr iPhone, in welche der veröffentlichten Galerien das Bild übertragen werden soll.

*Auswahl der Galerie am iPhone.*

Wählen Sie dort Ihre bevorzugte Galerie aus, und schon wird Ihr iPhone in die Mail-Applikation umschalten und eine E-Mail mit dem Bild als Anhang senden. Diese E-Mail wird an Ihre Galerie gesendet und wenige Augenblicke später ist das Bild in die Galerie übernommen worden.

**Wenn Sie Freunden und Bekannten die Galerie zu Verfügung stellen, weisen Sie diese auf die verschiedenen Einstellungen der Galerie am unteren Rand der Website hin. Dort können, neben der Standarddarstellung als**

**Raster, die Bilder auch als Mosaik, als Karussell oder als Diashow be-
trachtet werden. Zudem kann interaktiv über den Größenregler die Größe
der Miniaturen verändert werden.**

*Funktionen im Browser innerhalb der Galerie.*

Ihre Freunde und Bekannten werden staunen, wie modern und aufwendig
diese Internetseite gestaltet ist – dabei mussten Sie nicht einmal selber Hand
anlegen.

*Abonnieren via iPhoto.*

Und noch eine Funktion kann für die Mac-Anwender in Ihrem Freundes-
oder Bekanntenkreis von besonderem Interesse sein: Am oberen Rand des

Browserfensters, in dem die Galerie erscheint, finden Sie den Button *Abonnieren*. Dort können Ihre Freunde und Bekannten das Häkchen bei *In iPhoto abonnieren* anbringen und mit *Ok* bestätigen. Damit haben sie ein Abonnement dieser iPhoto-Galerie vorgenommen. Das heißt: Immer, wenn Sie als Urheber dieser Galerie neue Bilder hinaufladen oder Bilder aus der Galerie entfernen, werden Ihre Freunde und Bekannten, die auch über einen Mac und über iPhoto verfügen, über diese Änderungen informiert und bleiben damit ständig up-to-date.

*Abonnement einer Galerie.*

Wollen Sie zu einem späteren Zeitpunkt ein vorgenommenes Abonnement manuell updaten, so klicken Sie einfach auf das Signal-Icon rechts des Abo-namens, und schon zeigt der rotierende Pfeil an, dass die Daten mit dem Internet abgeglichen werden.

Sind Sie hingegen derjenige, der die Galerie zur Verfügung stellt, dann werden die Änderungen Ihres Bildportfolios stets mit dem Internet synchronisiert. Anwender im Bekanntenkreis, die keine Mac-Rechner verwenden, können die Funktion als RSS einsetzen und so die Webseite und deren Bilder mit jedem beliebigen Webbrowser „abonnieren".

**Es gibt noch eine weitere Funktionalität, bei der die von Ihnen über das Internet in MobileMe zur Verfügung gestellten Bilder zur Verwendung kommen können. Im Bereich Schreibtisch & Bildschirmschoner in den Systemeinstellungen finden Sie beim Reiter Bildschirmschoner im un-**

**teren Bereich der Liste unzählige Möglichkeiten, auf Ihre iPhoto-Daten zuzugreifen. Wenn Sie den Zugang eines anderen MobileMe-Account-Besitzers eingeben, sehen Sie dessen Bilder auf seiner Galerie.**

*MobileMe-Daten als Screensaver verwenden.*

● **Neben dem Zugriff auf MobileMe, Alben und Ereignisse können Sie ebenfalls Orte und Gesichter direkt verwenden.**

Sie sehen also: Für aktuell 79 Euro gibt es sehr, sehr viel Service von Apple.

## Facebook und Flickr

Ähnlich wie bei den Funktionen, die Sie soeben bei MobileMe im Detail gesehen haben, verhält es sich auch bei *Facebook* und *Flickr*. Besonders interessant und hervorzuheben ist *Facebook*. Sollten Sie sich dort einen Account besorgen und diesen in den iPhoto-Einstellungen bei *Accounts* hinterlegen, können Sie danach Ihre Bilder mit den hinterlegten Gesichternamen zu Facebook übertragen.

Sie können innerhalb von Facebook Personen anhand ihrer Gesichter benamen, was dann ebenfalls mit iPhoto synchronisiert wird.

*Gesichter von iPhoto sind in Facebook ebenfalls mit Namen zu sehen.*

**Sobald Sie Bilder via Facebook veröffentlicht haben, können Sie die Kommentare anderer Facebook-User direkt in iPhoto begutachten. Wählen Sie dazu rechts in der Leiste bei Web Ihren Facebook-Eintrag aus und klicken rechts daneben auf ein Foto.**

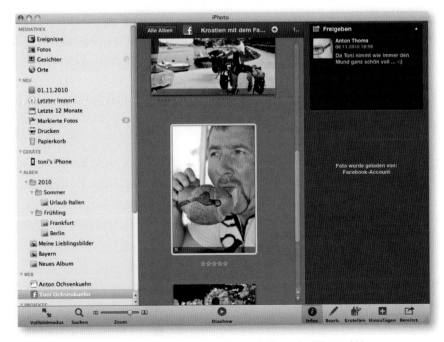

*Kommentare von Facebook erscheinen in iPhoto '11.*

Bei Flickr hingegen ist Ihre Ortsangabe von Interesse. Sie können also Bilder zu Flickr hochladen, die Ortsangaben in Flickr ändern und iPhoto übernimmt nach dem Synchronisieren automatisch und ohne weitere Nachfrage die in Flickr geänderte Ortsbezeichnung.

*Flickr veröffentlicht und synchronisiert des Aufnahmeort.*

Sowohl der Dienst Facebook als auch Flickr sind aktuell kostenlos und können ebenso einfach wie MobileMe im Zusammenhang mit iPhoto'11 zur Verwendung kommen.

## iWeb und iPhoto

Das Zusammenspiel von iWeb und iPhoto kann auf mehreren Ebenen stattfinden. Zunächst einmal finden Sie im Menüpunkt *Bereitstellen* den Eintrag *iWeb* in Form einer Fotoseite oder eines Blogs.

*iWeb und iPhoto.*

Das Bildschirmfoto zeigt, wie ein Ereignis aus iPhoto in Form einer Fotoseite in iWeb dargestellt wird. Die Bilder werden automatisch auf der Internetseite angeordnet. Anders als beim HTML-Export können Sie in iWeb Ihre
Website noch wunderschön gestalten – mit eigenen Hintergründen, eigenen
Texten und den in iWeb angebotenen Themen.

Darüber hinaus können Sie in iWeb die Ereignisse und Fotos von iPhoto
auch einzeln im Zugriff haben. Dazu sehen Sie im rechten Bereich des Bildschirmfotos den angeklickten Eintrag *Fotos*, mit dem direkt auf die iPhoto-
Bibliothek zugegriffen werden kann und von wo aus per Drag-and-Drop Bilder von iPhoto an iWeb übergeben werden können. Schneller, einfacher und
simpler kann man es kaum machen.

**iWeb ist ein eigenständiges erklärungsbedürftiges Programm zur Er-
stellung von Internetseiten. Leider würde die Beschreibung dessen den
Rahmen dieses Buches sprengen. Dazu verweisen wir auf unsere Lektüre „iLife '11", erschienen im amac-buch Verlag.**

## iPhoto und iDVD

iPhoto arbeitet ebenso perfekt mit iDVD zusammen. Sie finden im Menü-punkt *Bereitstellen* den Eintrag *iDVD* .

*An iDVD senden.*

In iDVD können die Bilder für eine Diashow zur Verwendung kommen, die auch auf iTunes und die dort hinterlegte Musik zugreifen kann.

Sie sehen an diesem Beispiel wunderschön, wie die iLife-Programme Hand in Hand arbeiten, um gemeinsam ein perfektes Produkt zu erzeugen.

## Bilder auf Papier ausgeben

### Abzüge bestellen

Besonders zu Anlässen wie Weihnachten oder Geburtstagen etc. macht es durchaus Sinn, das digitale Datenmaterial wieder in physisch Anfassbares umzuwandeln, also zum Beispiel die Bilder als Abzüge zu bestellen. Wählen Sie den Menüpunkt *Ablage –> Abzüge bestellen* (bzw. *Bild bestellen* bei *Bereit-stellen*) und sogleich wird über das Internet eine Verbindung aufgebaut und Sie sehen eine Auswahl der möglichen Formate sowie die Preise.

*Abzüge bestellen.*

Wichtig hierbei ist, dass Sie Ihre Apple-Account-Daten zur Hand haben. Sollten Sie noch keinen Zugang besitzen, dann können Sie im Verlauf der Bestellung via *Apple ID jetzt erstellen* das sofort nachholen. Die ausgeführte Bestellung wird Ihnen postalisch zugeschickt.

*Eine Apple ID ist für eine Bestellung notwendig.*

● **Mit dieser ID können Sie ebenso im iTunes Store einkaufen. Es genügt also, sich entweder in iPhoto oder in iTunes eine derartige ID zu besorgen, weil diese für beide zuständig ist.**

## Ausdrucken eines Buches

Ebenso verhält es sich mit einer Bestellung der Fotos als Buch. Klicken Sie in der unteren Leiste auf *Erstellen* und wählen *Buch* aus. Sie erhalten eine

Reihe von Buchformaten zur Auswahl. Sie können zunächst einmal, bevor Sie sich um das Thema kümmern, entscheiden, ob Sie ein gebundenes, ein Taschenbuch oder ein Spiral-Taschenbuch haben möchten.

● **Sie sollten die genannte Buchauswahl unbedingt im Vollbildmodus durchführen :-).**

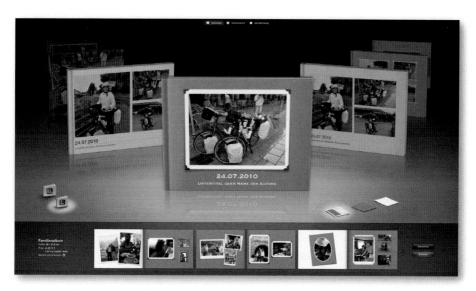

*Buchbestellung. Hier wählen Sie zunächst das passende Design aus.*

Wählen Sie also das passende Format aus und dann bei dem angegebenen Typ das entsprechende Modell. Je nach ausgewähltem Buchtitel finden Sie im rechten unteren Bereich verschiedene Farbtöne zur Auswahl. Links daneben wird das Buch in verschiedenen Größen (L, XL) angeboten.

Sind der Buchtyp und das Thema gewählt, klicken Sie auf *Erstellen* und schon erscheint Ihr aktuelles Printprodukt auf dem Bildschirm. iPhoto hat dabei automatisch die Bilder auf die Seiten verteilt. Dabei verwendet iPhoto die Datums-, Orts- und Gesichtsinformationen, um die Bilder vernünftig auf die Seiten aufzuteilen. Dabei wird das Schlüsselbild Ihres Ereignisses als Titelbild verwendet. Fotos mit vielen Sternen werden standardmäßig groß auf den Seiten dargestellt und Bilder vom gleichen Ort werden auf Folgeseiten zusammengefasst.

Wenn Sie über viel Zeit verfügen, dann können Sie aus einer Serie von Bildern einfach per Drag-and-Drop die Bilder manuell auf Ihre Buchseiten ziehen. Klicken Sie hierfür die Funktion *Fotos* rechts unten an. Sogleich klappt

sich die Liste der Bilder rechts daneben auf und Sie bestimmen die Position der Bilder auf den Seiten selbst.

*Ein Buch erstellen ist trotz der Vorlagen ein Stückchen Arbeit.*

Über den Button *Buch kaufen* gelangen Sie auf eine Seite, auf der Ihnen Apple nun den Preis anzeigt und der Bezahlen-Vorgang eingeleitet werden kann.

Beachten Sie an dieser Stelle einige wichtige Tipps:

1. Sie können jede Buchseite mit einem anderen Layout beaufschlagen. Apple schlägt Ihnen an einer bestimmten Stelle vor, wie viele Bilder auf einer Buchseite platziert werden sollen. Sie können via *Design* jeder Buchseite ein komplett anderes Layout zuweisen. Also eine Seite, die vorher zwei platzierte Bilder benötigt hat, könnte für mehr oder weniger Bilder modifiziert werden.

*Buchseiten-Layout ändern.*

Besonders schön sind Seiten, in denen Sie zusätzlich die GPS-Daten der hinterlegten Bilder einblenden lassen. Wählen Sie hierzu bei *Design* den Typus *Karten* aus.

2. Wenn Sie im Nachhinein feststellen, dass das Erscheinungsbild Ihres Buches nicht besonders gut mit Ihren Bildern harmoniert, dann klicken Sie in der Symbolleiste auf den Button *Thema ändern* und Sie kommen zur Themenauswahl zurück. Diese Funktion ist nur zugänglich, wenn Sie vorher auf *Alle Seiten* geklickt haben.

3. Abhängig von dem jeweiligen Thema werden Ihnen bestimmte Seitenhintergründe angeboten. Diese finden Sie ebenso unter dem Begriff *Design*. Wählen Sie dort für jede Seite unabhängig voneinander einen eigenen Hintergrund aus.

4. Sicher haben Sie schon bemerkt, dass je nach angeklicktem Element auf einer Buchseite der Bereich *Design* rechts daneben sich mit den Funktionen darstellt, die Sie aktuell benötigen. So können mit wenigen Klicks Bilder mit Rahmen versehen oder Kartendarstellungen um weitere Orte angereichert werden.

*Via „Design" Buchseiten individualisieren.*

5. Sie können die Buchseiten selbstverständlich beschriften. Sie werden je nach Thema auf einigen Buchseiten schon Platzhaltertexte vorfinden, die Sie jederzeit editieren können. Über den Button *Design* erhalten Sie ein umfangreiches Menü, in dem Sie die Schriften auswählen können.

*Schriftauswahl für die Buchseiten.*

6. Wenn Sie manuell Bilder platzieren, achten Sie darauf, dass Sie zum Schluss tatsächlich auch alle Bilder platziert haben. Sie können dies ganz einfach überprüfen, indem Sie im rechten Bereich des Fensters erneut auf *Fotos* umschalten. Dabei erhalten alle platzierten Bilder einen weißen Haken am rechten unteren Eck. Fahren Sie mit der Maus auf das Häkchen, so wandelt sich dieser in einen Pfeil nach rechts. Sobald Sie diesen anklicken, gelangen Sie auf die Buchseite, auf der das Bild zu finden ist.

*Bild platziert?*

Und so stellen Sie sich nach und nach Ihr individuelles Buch zusammen. Ist es fertig, klicken Sie auf *Buch kaufen*, um letztendlich die Bestellung auszuführen.

## Kalender

Nahezu alles, was vorhin beim Thema Buch gesagt wurde, gilt ebenso für Kalender und die anderen Printprodukte. Bei dem Kalender gibt es noch die sehr schöne zusätzliche Eigenschaft, dass Sie bei den Kalendereinstellungen an jeder bestimmten Stelle Beschriftungen vornehmen können.

*Kalender beschriften.*

Noch schöner ist es, wenn Sie statt dem Namen das Bild einer Person verwenden. Dazu ist es notwendig, dass das Bild Bestandteil des Ereignisses ist, das Sie ausgewählt haben, um daraus einen Kalender zu machen. Sie können natürlich genauso ein Album auswählen und daraus einen Kalender erzeugen. Ziehen Sie einfach per Drag-and-Drop das Bild der Person an den jeweiligen Tag und schon haben Sie deutlich auffälliger als mit einer Beschriftung einen Merker für einem bestimmten Tag gesetzt.

*Bilder statt Beschriftung.*

Noch ein Tipp sei an der Stelle erwähnt: Normalerweise hat ein Kalender stets zwölf Monate, beginnt im Januar und endet mit dem Dezember desselben Jahres. Sie haben jedoch bei der Kalendererstellung Einfluss auf die Laufzeit des Kalenders. So können Sie durchaus den Kalender zum Beispiel im Juni starten lassen und mit einer Laufzeit von 15 Monaten versehen. Weiterhin bietet Ihnen iPhoto an, Feiertage aus Ihrem Land direkt als Beschriftung in den Kalender aufzunehmen und die Geburtstage aus dem Adressbuch sowie Ihre Termine zu verwenden. Das spart Ihnen jede Menge Arbeit bei der Beschriftung.

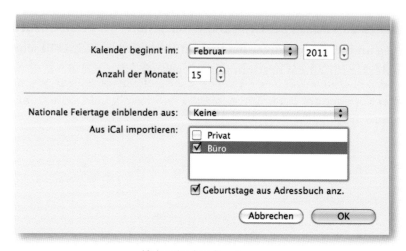

*Kalender konfigurieren.*

# Karte

*Film über die Herstellung exklusiver Postkarten.*

Ähnlich bis genauso verhält es sich, wenn Sie Postkarten oder Grußkarten bestellen möchten. Wählen Sie hierzu wieder das oder die Bilder aus und klicken Sie bei *Erstellen* auf *Karte*. Wählen Sie aus einer Fülle von Motiven Ihr Lieblingsdesign aus. Bestätigen Sie die Funktion mit *Erstellen* und ordnen Sie die Fotos auf Ihren Grußkarten an.

> An der Stelle ein genereller Tipp, was das Erstellen von Printabzügen anbelangt: Sie sollten vor allem zu Zeiten wie vor Weihnachten mit bis zu zwei Wochen Lieferzeit rechnen. Planen Sie dies also beim Bestellen der Abzüge mit ein. Sie werden auf jeden Fall von dem Produkt, das Sie später zugesendet bekommen, positiv überrascht sein – die Qualität ist bestechend.

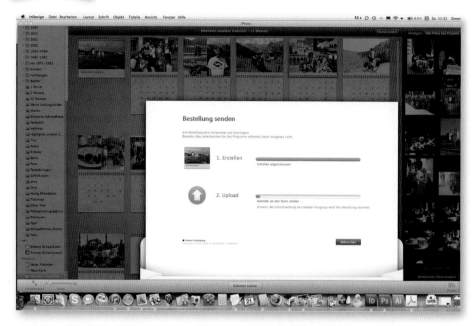

Nach Abschluss eines Projekts kann der Kalender bzw. die Karte gekauft werden.
Zunächst werden die Daten übertragen.

Erfolgreicher Upload zu Apple.

## Projekte

Sicher haben Sie schon erkannt, dass alle Printelemente als Projekte abgelegt werden. Besonders schön ist das im Vollbildmodus zu sehen. Dort finden Sie ein Regal mit all den verschiedenen Projekten, die Sie bislang erzeugt haben. Sobald der Mauszeiger über einem Projekt zu liegen kommt, werden Details eingeblendet. Klicken Sie ein Projekt einmal an, wird es von oben beleuchtet, und ein Doppelklick bringt Sie in das Projekt hinein, um weitere Änderungen vornehmen zu können.

*Die Projektübersicht.*

Wollen Sie bereits existierenden Projekten Fotos hinzufügen, dann verwenden Sie einfach die Funktion *Hinzufügen*. Diese finden Sie rechts unten in der Leiste neben dem Begriff *Erstellen*.

## Ablage –> Drucken

Selbstverständlich können Sie auch auf Ihrem eigenen Drucker die Bilder in Papierfassung ausgeben. Sie verwenden dazu Ihren am Rechner installierten Tintenstrahl- oder Laserdrucker. Ebenso wie bei den Printprodukten via Apple können Sie sehr schön justieren, wie der Ausdruck aussehen soll. Wählen Sie zunächst zum Beispiel ein Ereignis Ihrer Wahl, um dann über den Menüpunkt *Ablage –> Drucken* die dazugehörige Funktion aufzurufen. Dann sehen Sie auf der linken Seite verschiedene Vorlagen, die Apple mitgeliefert hat. Wählen Sie eine entsprechende Vorlage aus und versäumen Sie es nicht, über den Button *Anpassen* diese Vorlage Ihren Bedürfnissen anzupassen.

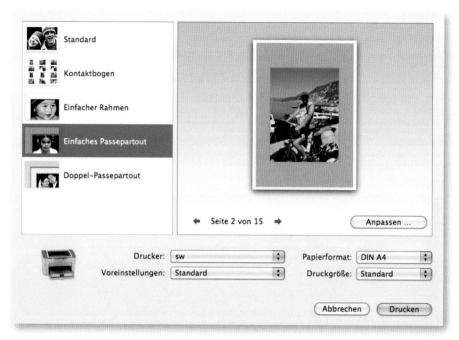

*Ablage –> Drucken.*

Und Sie sehen erneut am unteren Rand Begriffe wie *Themen*, mit denen Sie die Vorlage wechseln können, verschiedene *Hintergrundfarben*, verschiedene *Layouts*, all die Dinge, die Sie aus dem Buchbereich schon kennen.

*Optimieren Ihres Druckergebnisses.*

## Diashow

Es muss nicht immer Papier sein und es muss auch nicht immer das Internet sein, auf dem Ihre Bilddaten ausgegeben werden sollen. Über die *Diashow* haben Sie die Möglichkeit, Ihre Bilder sehr kurzweilig und interessant zu präsentieren. Denn in iPhoto '11 hat Apple neue Themen eingebaut, um die Diashow noch attraktiver als bisher zu gestalten.

Die Vorgehensweise kennen Sie: Sie wählen ein Album oder ein Ereignis aus oder selektieren einige Fotos eines Ereignisses und wählen dann den Button *Diashow* und sollten sofort die *Themen* anwählen.

*Themen für die Diashow einrichten.*

Apple bietet aktuell zwölf verschiedene Themen an, um Ihr Bild- und auch Filmmaterial am Computermonitor zu präsentieren:

- *Klassisch:* Wenn Sie die klassische Einstellung wählen, wird Bild für Bild mit einem Übergang, den Sie bei *Einstellungen* wählen können, abgespielt. Alle Bilder erscheinen mit einer Hintergrundfarbe auf Ihrem Monitor.
- *Ken Burns:* Mit Ken Burns werden Ihre Bilder bewegt auf dem Monitor dargestellt, so dass es fast wie ein Film aussieht. Die Bilder werden am Monitor vorbeigeschoben und es wird gezoomt.

- *Fotoalbum:* Bei Fotoalbum hat Apple ein Thema hinterlegt und präsentiert Ihre Bilder quasi so, als wären sie in ein Album aus Papier eingeklebt.
- *Splitter:* Splitter ist eine sehr dynamische Geschichte. Von Bild zu Bild werden die Fotos in Ebenen zerlegt, dreidimensional gedreht und erscheinen wieder. Sehr, sehr schwer zu erklären, Sie sollten diese Funktion unbedingt einmal ausprobieren.
- *Gleitende Flächen:* Hierbei baut iPhoto von ganz alleine Einser-, Zweier- und Dreier-Kompositionen von Bildern zusammen und schiebt diese von oben nach unten oder links nach rechts und wechselt so die Bilder durch. Auch diesen Effekt sollten Sie unbedingt testen.
- *Schnappschüsse:* Bei Schnappschüsse werden die Bilder übereinander gelegt. Die älteren Bilder werden in Schwarz-Weiß ausgeblendet und nach oben herausgenommen.
- *Origami:* Hierbei werden oft mehrere Bilder gleichzeitig gezeigt und elegant durch Um- und Wegklappen durch andere Bilder ersetzt.
- *Reflexionen:* Bilder werden mit Reflexionen am unteren Rand dargestellt.
- *Mobile:* Die Bilder hängen nun an Fäden und schweben ins Bild. Dies gilt für *Mobile – Fotos* und *Mobile – Urlaub*.
- *Altmodisch:* Die Bilder machen einen leicht ausgebleichten Eindruck, ähnlich wie bei Polaroidaufnahmen. Sie erscheinen auf einem Stapel Graustufenfotos, die wie zufällig im Hintergrund herumliegen. Dazu sind die Bilder von dicken weißen Rand eingefasst.
- *Orte:* Dieses Thema ist spitze, wenn Sie Ihren Bildern Positionsdaten zugewiesen haben. Sogleich beginnt die Reise durch die verschiedenen Orte, an denen Sie waren.

Wechseln Sie nun in den Reiter *Musik*, um Ihre Diashow mit Songs zu unterlegen. Sie können entweder aus einem der 14 mit iPhoto mitgelieferten Songs wählen oder Sie greifen via *Quelle* auf iTunes zu und wählen so Ihre Lieblingsmusik aus.

*Musik für die Diashow.*

Wenn Sie es noch etwas individueller haben wollen, dann aktivieren Sie *Eigene Wiedergabeliste für Diashow* und ziehen einfach per Drag-and-Drop aus dem oberen Teil des Fensters die Lieder in den unteren Bereich. So werden die Lieder in der Reihenfolge gespielt, wie Sie sie in diese eigene Wiedergabeliste aufgenommen haben.

> **Sie können natürlich auch eine Wiedergabeliste aus iTunes verwenden. Wählen Sie dazu aus dem Pull-down-Menü neben Quelle Ihren Favoriten aus. Vergessen Sie dabei nicht, die Lieder der Liste noch zu markieren. Sollen es alle Songs sein, dann verwenden Sie einfach cmd + A. Für eine Selektion markieren Sie die einzelnen Titel mit der cmd- oder ⇧-Taste.**

Und zu guter Letzt sollten Sie unbedingt die *Einstellungen* überprüfen. Dort geben Sie vor, wie lange jedes Bild auf dem Monitor dargestellt werden soll, und definieren zusätzlich, wie es sich mit der Abstimmung der Musik verhält. Wollen Sie, dass die Diashow genauso lange läuft wie die Musik oder soll die Zeit der Dias Priorität besitzen? Geben Sie an, mit welcher Hintergrundfarbe die Präsentation ablaufen soll, ob die Diashow am Ende wiederholt werden soll und ob der Diashow-Titel eingeblendet werden soll.

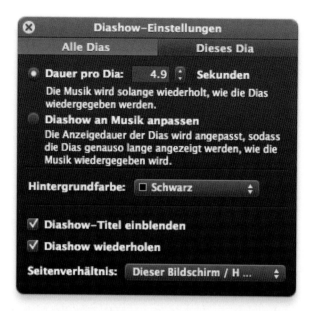

*Einstellungen für die Diashow.*

Und wenn Sie möchten, können Sie via *Dia* jedes Bild mit Text einzeln beschriften.

Wenn Sie während einer Diashow Änderungen vornehmen wollen – vorspulen, zurückspulen –, dann sollten Sie an den unteren Monitorrand fahren und in dem dort erscheinenden Kontrollpanel die entsprechende Funktion auswählen.

*Kontrollpanel während der Diashow.*

Haben Sie von einem Ereignis schon einmal eine Diashow ablaufen lassen, so werden beim nächsten Mal, wenn Sie vom selben Ereignis wieder eine Diashow starten, die bereits konfigurierten Einstellungen automatisch verwendet und die Diashow startet in genau derselben Form erneut. Haben Sie von einem Ereignis noch nie eine Diashow gemacht, dann wird automatisch das Fenster auftauchen, in dem Sie die Diashow definieren können.

Links in der Leiste bei der Fensterdarstellung von iPhoto sehen Sie zudem alle schon erstellten und konfigurierten Diashows im Überblick.

● **Wenn Sie es noch individueller haben möchten, dann können Sie zudem jedem Foto einer Diashow eigene Einstellungen vorgeben. Markieren Sie hierfür das Foto innerhalb der Diashow und wählen erneut die Einstellungen aus.**

*Individuelle Diashow-Einstellungen für ein oder mehrere Bilder.*

Um ganz rasch eine Diashow zu starten, können Sie in der Fensterdarstellung von iPhoto in der unteren Leiste den gleichnamigen Button anklicken. Sogleich wird eine neue Diashow erstellt und ein Fenster mit den Optionen *Themen*, *Musik* und *Einstellungen* kommt zum Vorschein.

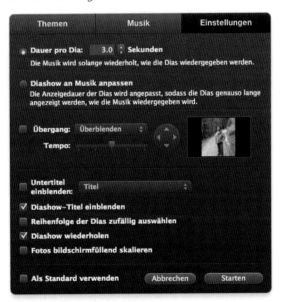

*Alle Einstellungen in einem Fenster.*

Soll die Diashow auch anderen zur Verfügung gestellt werden, dann ist das *Exportieren* genau die richtige Wahl. iPhoto erstellt eine Mpeg-4-Datei, die zum Beispiel anschließend per E-Mail versendet oder ins Internet geladen werden kann.

# Synchronisation

# Synchronisation mit dem iPhone, iPad oder iPod via iTunes

Eine Möglichkeit, um Ihre Bildersammlung aus iPhoto zu verteilen, ist der Abgleich via USB-Schnittstelle mit einem iPhone, iPod oder iPad. Sie benötigen dazu das Programm iTunes. Wir beschreiben auf den folgenden Seiten, wie Sie diese Synchronisation via iTunes durchführen.

## Erste Schritte zur Synchronisation

Sobald Sie das Gerät mit Ihrem Rechner verbunden haben, wird dieses in der linken Spalte unter *GERÄTE* auftauchen. Klicken Sie das Gerät an und wechseln Sie nun zum Beispiel in den Bereich *Bilder* und geben Sie dort an, welche Ereignisse oder Alben auf Ihr mobiles Gerät kopiert werden sollen.

*Die Synchronisationseinstellungen für iPod, iPhone oder iPad.*

Wie Sie anhand des Bildschirmfotos erkennen, haben Sie zum Beispiel beim iPhone die Wahlmöglichkeit zwischen Alben (linke Spalte), Ereignisse (rechte Spalte) und Gesichter (unten links). Sie können *Alle Alben, Ereignisse und Gesichter* synchronisieren, die sich in der iPhoto Library befinden, oder eine Auswahl treffen. Dazu wählen Sie den Punkt *Ausgewählte Alben, Ereignisse und Gesichter. Automatisch einbeziehen: xx Ereignisse.* Dies müssen Sie tun, wenn Ihr Gerät nicht genug Kapazität für alle Bilder hat oder das Gerät nicht viel Speicher bietet.

Synchronisieren Sie nur bestimmte Ereignisse ...

... bestimmte Alben ...

... und/oder bestimmte Gesichter.

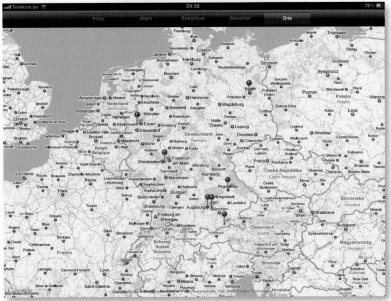

*... Orte werden automatisch synchronisiert, sofern Geodaten vorliegen. Das obere Bild zeigt die Orte beim iPhone, das untere beim iPad.*

Sie können in iTunes in den Einstellungen festlegen, dass Ihr Gerät immer dann automatisch synchronisiert wird, sobald Sie es an den Rechner anschließen. Die Option dafür ist Automatische Synchronisierung von iPods, iPhones und iPads verhindern oder besser: das Ausschalten dieses Punkts. Bevor Sie diesen Punkt aber deaktivieren können, beginnt iTunes bereits mit dem Abgleich. Möchten Sie das unterbinden, öffnen Sie iTunes und halten die Tasten cmd und alt gedrückt, bis das Gerät links angezeigt wird.

Das iPad, das iPhone, der iPod, der iPod touch oder auch der iPod nano sind hervorragende Geräte, um unterwegs nicht nur Ihre Bilder zu genießen. Neben den Bildern werden bei der Synchronisation weitere Daten wie Musik, Filme, Podcasts, etc. übernommen und können auf dem externen Gerät auch eingesehen werden.

*Ansicht der synchronisierten Bilder auf einem iPhone (oben) und einem iPad (unten).*

## iTunes kann mehr

Aber iTunes kann noch mehr. Leider würde die Beschreibung der iTunes-Funktionen den Rahmen dieses Buches sprengen. Wir verweisen an dieser Stelle auf die Lektüre „iTunes 10 & Apple TV" erschienen im amac-buch Verlag.

# Index

Weitere interessante Bücher
finden Sie unter www.amac-buch.de

Auszug aus dem Verlagsprogramm:

Unser Bestseller komplett aktualisiert:

# iLife '11

## iPhoto, iMovie, GarageBand, iWeb, iDVD, iTunes

### iLife '11

Ein wunderbares Zusammenspiel der Programme, zusammengefasst in einem über 500 Seiten starken Werk.Inklusive iTunes. Ein Standardwerk für jeden Benutzer der iLife-Kollektion.

**Maße 160 x 235 mm, 540 Seiten, 4-farbig,
ISBN 978-3-940285-32-4, € 29.95**

- **iPhoto '11:** Verwalten Sie Ihre Bild-Erlebnisse und erstellen Sie daraus atemberaubende Diashows oder beeindruckende Fotobücher. Verwenden Sie den Vollbildmodus, um noch einfacher arbeiten zu können.

- **iTunes 10:** Nutzen Sie die Eleganz dieses Programms, um unter anderem Ihre digitale Musiksammlung zu pflegen und Geräte wie iPod, iPhone oder iPad mit Daten zu befüllen. Nutzen Sie Ping, um mit anderen Menschen direkt in Kontakt zu treten.

- **iMovie '11:** DV-Kamera anschließen, Film einspielen, schneiden, vertonen, Übergänge integrieren und im Nu entsteht Ihr bewegtes Abenteuer. Die neuen Audio-Editierfunktionen helfen Ihnen bei der optimalen Vertonung der Filme.

- **iDVD:** Die Filme aus iMovie und die iPhoto-Bilder wollen ansprechend präsentiert werden. Nutzen Sie iDVD für die Erstellung von professionellen DVDs.

- **iWeb:** Noch nie war das Erstellen von Internetseiten so einfach. Verwenden Sie Bilder aus iPhoto oder Filme von iMovie und erzeugen Sie damit faszinierende Webseiten inklusive Blogs oder Podcasts. Hochwertige Musterseiten sind die Grundlage für wunderbare Webseiten.

- **GarageBand '11:** Sie wollten schon immer selber Musik machen? Dann ist dieses Programm mit der einfachen Bedienung und den Lernsequenzen optimal für Sie geeignet. Selbst ambitionierte Musiker finden viele Funktionen, um kreativ Musik zu machen.

## Mac OS X 10.6 Snow Leopard

Das vorliegende Buch ist für jeden Benutzer von Snow Leopard eine empfehlenswerte Lektüre. Anfänger werden rasch die wichtigsten Grundlagen erlernen. Versierte User finden eine Fülle an Tipps und Tricks, um den Umgang mit dem System zu perfektionieren.

**Maße 160 x 235 mm, 800 Seiten, Hardcover**
**ISBN 978-3-940285-14-0 · € 29.95**

## iPad

**Das Internet in Ihren Hän-**
**E-Mails, Internet, Fotos, iPod und unendlich viel mehr!**

**Aus dem Inhalt:**
1. Die ersten Schritte,
2. Bedienung des iPads
3. Das iPad mit Inhalt befüllen und anpassen
4. Im Schnellkurs – die Standard-Apps
5. Grundeinstellungen des iPads
6. Einkaufen gehen – die Stores am iPad
7. Darf's etwas mehr sein?
8. Die besten Tools rund ums iPad
9. Energie sparen und Troubleshooting

**Maße 160 x 235 mm, 352 Seiten, 4-farbig, Broschiert ISBN 978-3-940285-19-5 · € 19.95**

# Futter für Ihr iPad & iPhone

**Wie? Ganz einfach:**

1. iBooks starten
2. „amac-buch" suchen
3. eBook kaufen*
4. Sofort lesen

*von all unseren eBooks kann ein Gratis-Auszug geladen werden.

*Lies dich schlau!*

**Gratis**     €11,99     €11,99     €14,99